Marc Veyrat & Gérard Gilbert

Kochen wie auf dem Lande – Frankreich

107 raffiniert bodenständige Rezepte

Fotos: Jean-Blaise Hall
Food-Styling: Valérie Lhomme

Kaleidoskop Buch

Der reine Geschmack

Es mag paradox erscheinen, von der „französischen Landküche“ zu sprechen, wenn achtzig Prozent der Bevölkerung Frankreichs in der Stadt und nur noch zwanzig Prozent auf dem Land leben. In einem urbanen Umfeld bedeutet die Versorgung mit Lebensmitteln zwangsläufig den Griff ins Supermarktregal und den regelmäßigen Gang auf den Wochenmarkt. Selbst auf dem Land gibt es kaum noch den kürzesten aller Wege, der vom Garten auf den Tisch führt, um das zu essen, was man selbst produziert hat.

Das ist eine schlichte Feststellung, keine Nostalgie. Dennoch gab es niemals zuvor eine derartige Begeisterung für die einfachen und natürlichen Dinge des Lebens. Das „Bio“-Siegel erscheint geradezu als Voraussetzung von Qualität. Wir alle streben nach einem gesunden Leben, nach dem unverfälschten, natürlichen Geschmack und nach einer Küche, „in der die Dinge nach dem schmecken, was sie sind“, wie es Curnonsky, der legendäre „Fürst der Gastronomen“, einmal formulierte.

In diesem Geist entstand das Kochbuch „Die französische Landküche“, das der französische Meisterkoch und Gastronom Marc Veyrat gemeinsam mit Gérard Gilbert, Gastro-Journalist und intimer Kenner der französischen Regionalküchen, verfasste. Marc Veyrat selbst hat seine ländlichen Wurzeln in der traditionsreichen Vallée de Manigod oberhalb des Lac d'Annecy in der Haute-Savoie nie verleugnet. Seine Kindheit inmitten der Natur wurde geprägt von Ernährungsgewohnheiten, die sich über zehn Generationen und mehrere Jahrhunderte hinweg im Tal seiner Vorfahren entwickelt hatten. Das schulte seinen Sinn für eine unverfälschte Küche und die Reinheit des Geschmacks. Er hätte den Geleisen seiner Zunft folgen können, doch er hatte andere Pläne: Er wollte uns den Geschmack der wilden Kräuter wiederbringen, die zu sammeln ihn einst seine Mutter geschickt hatte, um damit eine Suppe zu bereiten, ein Omelett zu verfeinern oder einen Salat zu würzen. Gleichzeitig verharrte er nicht im engen Kreis der heimatlichen Idylle, sondern strebte ein überregionales, ja universelles Verständnis

seiner Küche an. Marc Veyrat, der seiner Heimat und ihren Menschen verbunden geblieben ist, zählt heute zu den bedeutendsten Botschaftern des ländlichen Frankreich, das trotz der Umwälzungen unserer Zeit fortbesteht.

Die ländliche Küche hat viele Gesichter, doch hat sie auch überregionale Gemeinsamkeiten, die in jedem Winkel Frankreichs, ja selbst Europas zum Vorschein kommen. Ihr Ursprung ist die häusliche Feuerstelle, wo auf glimmender Glut oder vor loderndem Feuer gekocht wird, wo man die Resthitze im Backofen nutzt, die heiße Stelle des Herdes oder den Winkel im Ofen, der zugleich den einzigen Wohnraum des Hauses beheizt. Diese Küche bedeutet entweder stundenlanges Schmoren oder rasche Zubereitung, serviert ist sie im Handumdrehen, denn ein knurrender Bauern- oder Schülermagen wartet nicht gern. Der erste Bissen darf niemals zu heiß sein, der zweite kann niemals enttäuschen, auch wenn natürlich immer „etwas Salz" fehlt. Die Partie ist gewonnen, wenn mit jedem Löffel der Hunger schwindet und sich allmählich ein Gefühl des Wohlbehagens einstellt. Die ländliche Küche ist selbstverständlich auch eine saisonale Küche, die Gemüse und Obst, Kräuter und Salat, Geflügel und Schweinefleisch, den (gesalzenen) Fisch des fernen Meeres und die Süßwasserfische aus den nahen Flüssen und Seen im Rhythmus der Jahreszeiten auf den Tisch bringt.

Wir haben es also mit einer alltäglichen Küche der einfachen Genüsse zu tun, wobei der Einfallsreichtum mütterlicher Liebe das eintönige Einerlei in immer neue Leckerbissen verwandelt. An Festtagen sorgt das Bestreben der Köchin, sich selbst zu übertreffen, zu glänzen und den eigenen Ruf zu festigen, dafür, dass üppige Braten aufgetischt und aufwendige, manchmal sogar extravagante Zubereitungen gewagt werden.

Vor allem aber bietet die ländliche Küche Anstoß, Gelungenes zu wiederholen. Darum werden die Rezepte und Handgriffe stets von Generation zu Generation weitergereicht, von Mutter zu Tochter, meist aber von Großmutter zu Enkelin, von Schwiegermutter zu Schwiegertochter oder von Nachbarin zu Nachbarin. Geändert hat sich, dass Kochen zunehmend auch Männersache ist. Einst mündlich überliefert, später dann gewissenhaft in Schulheften niedergeschrieben, erzählen diese Rezepte ganze Familiengeschichten, genauso wie vergilbte Fotoalben. Nichts auf der Welt könnte ihren Verlust aufwiegen.

Praktische Hinweise

Die ländliche Küche ist nicht teuer. Sie können sich also Produkte von erster Qualität leisten. Beherzigen Sie diesen Rat auch bei Essig, Öl und Instantbrühe.

Erliegen Sie nicht der Nostalgie großmütterlicher Suppenkessel und antiker, gusseiserner Bratpfannen. Verwenden Sie zeitgemäßes Küchenwerkzeug, das seinen Vorfahren überlegen ist und schonendes, fettloses Garen erlaubt.

Einst Nebenprodukt des Brotbackens, verlangt die ländliche Küche häufig längeres Garen bei mäßiger Hitze. Moderne Elektroöfen knüpfen daran an und erlauben es sogar, den Garprozess einige Zeit ohne Risiko unbeaufsichtigt zu lassen.

„Moderne Produkte" wie Fertigfonds, Brühwürfel oder Tomatenmark erleichtern die Arbeit und sorgen für eine Extradosis Aroma.

Erdnussöl, wie hier in vielen Rezepten verwendet, ist geschmacksneutral und hält hohen Temperaturen stand.

Rezepte, die Sie in alten Kochbüchern aufgestöbert haben, können Sie bedenkenlos um Fett und Sahne „erleichtern".

Verwenden Sie Essig, Zitronensaft und Beeren, um Saucen und anderen Speisen Würze und besonderen Charakter zu verleihen.

Für einen klassischen Mürbeteig benötigen Sie: 200 g Mehl, 125 g Butter, 50 ml Wasser, 1 Eigelb, 1 Prise Salz, 1 Prise Zucker. Für die süße Variante nur wenig mehr Zucker nehmen.

Ein Rezept für Gemüsebrühe, die in einigen Gerichten verwendet wird, finden Sie auf Seite 62.

Vorbereitungszeit

Die in den Rezepten angegebenen Vorbereitungszeiten beziehen sich auf die reine Arbeitszeit. Lesen Sie sich die Arbeitsschritte vor Beginn in allen Einzelheiten durch. Wenn mehrere Kochvorgänge durchzuführen sind, beginnen Sie nach Möglichkeit mit dem Vorgang, der am längsten dauert. Nutzen Sie die Zwischenzeit für andere Arbeitsschritte (kürzere Kochvorgänge, Gemüse putzen etc.). Steht Ihnen nur wenig Zeit zur Verfügung, können Sie viele Vorbereitungen schon am Vortag erledigen. Die zum Garen fertigen Zutaten lassen sich – mit Frischhaltefolie bedeckt – im Kühlschrank problemlos bis zum nächsten Tag aufbewahren.

Inhalt

- Suppen 10
- Gemüse 30
- Eier und Käse 66
- Fisch 88
- Geflügel und Fleisch 108
- Desserts 154

Mengenangaben 187
Garzeiten 188
Register 189
Rezeptverzeichnis 190

Topinambur-Creme

crème de topinambur

Wie die Kartoffel von Antoine Augustin Parmentier rehabilitiert, fiel der Topinambur nach der deutschen Besatzungszeit dem Vergessen anheim. Dabei war die angenehm nussartig schmeckende Knolle aus der Familie der Artischocken früher sehr beliebt.

Für 4 Personen • Vorbereitung: 20 Minuten • Garzeit: etwa 30 Minuten

500 g Topinamburknollen • 1 Kartoffel • 1 Zwiebel • 2 EL Olivenöl • 1 Bouquet garni • 1 gehäufter EL Crème fraîche • Grobes Salz, Pfeffer aus der Mühle

Die Topinamburknollen und die Kartoffel schälen; die Kartoffel vierteln. Die Zwiebel schälen und würfeln.

Das Olivenöl in einem Schmortopf erhitzen. Die gewürfelten Zwiebeln hineingeben und unter Rühren 2 Minuten anschwitzen. 1 1/2 Liter Wasser zugießen, die Topinamburknollen, die Kartoffelstücke und das Bouquet garni zugeben. Salzen, zum Kochen bringen und etwa 30 Minuten garen.

Das Bouquet garni herausnehmen, die Hälfte der Garflüssigkeit abgießen und das Gemüse in der Küchenmaschine pürieren. Das Püree in einer Kasserolle mit der Crème fraîche verrühren und nochmals aufkochen. Die Topinambur-Creme abschmecken und servieren.

Wählen Sie möglichst runde und gleichmäßig geformte Topinamburknollen. Die verwachsenen Exemplare sind sehr mühsam zu schälen.

Gemüsesuppe mit Rahm

bouillon de légumes à la crème

Nichts ist einfacher zuzubereiten als eine kräftige Brühe aus allen möglichen Gemüsesorten. Die Crème fraîche sorgt für das gewisse Etwas.

Für 4 Personen

Vorbereitung: 5 Minuten

Garzeit: etwa 30 Minuten

1 l kräftige Gemüsebrühe

3 EL Tapiokastärke

2 Eigelbe

2–3 EL Crème fraîche

Salz, Pfeffer aus der Mühle

Die Gemüsebrühe zum Kochen bringen, die Tapiokastärke einrühren und etwa 30 Minuten kochen lassen.

In einer Suppenschüssel die Eigelbe mit der Crème fraîche verschlagen und langsam unter Rühren die heiße Brühe zugießen. Die Suppe mit Salz und Pfeffer abschmecken und servieren.

Statt Gemüsebrühe können Sie auch Geflügelbrühe verwenden, die Sie mit einer Prise Muskatnuss abrunden.

Wenn Sie größere Mengen Gemüsebrühe auf Vorrat zubereiten, sollten Sie auf Salz verzichten, da sich die Salzkonzentration durch das Einkochen erhöht. Brühe, die nicht ganz frisch ist oder eingefroren war, sollte man vor der Verwendung immer einige Minuten aufkochen.

„Fliegensuppe“

soupe à la mouche

Der Name dieser Suppe „à la mouche" – „Fliegensuppe" – ist mittlerweile in Vergessenheit geraten. Er spielt auf die fein gehackten Kräuter an, die auf der Suppe treiben…

Für 4 Personen

Vorbereitung: 10 Minuten

Garzeit: etwa 20 Minuten

3–4 Kartoffeln

1 Bund Kerbel

800 ml Milch

Grobes Salz, Pfeffer aus der Mühle

Die Kartoffeln schälen und vierteln. In einer Kasserolle mit Wasser bedecken, salzen und etwa 20 Minuten kochen.

Den Kerbel abzupfen, waschen, gründlich abtropfen lassen und sehr fein schneiden. Die gegarten Kartoffeln mit einer Gabel zerdrücken und die Milch unterrühren. Die Mischung zum Kochen bringen und abschmecken.

Die Suppe mit dem Kerbel bestreut in einer Schüssel servieren.

Frische Gartenkräuter (fines herbes) *lassen sich hervorragend einfrieren. Dazu sollten sie zuvor jedoch 30 Sekunden in kochendem Wasser blanchiert werden. In einen Eiswürfelbehälter abgefüllt, werden sie zu kleinen Portionen, die Sie je nach Bedarf bequem dosieren können.*

Kürbissuppe mit Maronen

soupe de potiron aux châtaignes

Frisch gekochte Maronen sollte man schälen, solange sie heiß sind, auch wenn man dabei Gefahr läuft, sich die Finger zu verbrennen.

Für 4 Personen • Vorbereitung: 10 Minuten • Garzeit: 20 Minuten

500 g Gartenkürbis • 1 l Milch • 16 tiefgefrorene Maronen • 1/2 Würfel Geflügelbrühe • 2 EL Crème fraîche • 1 EL Butter • Grobes Salz und feines Salz, Pfeffer aus der Mühle

Den Kürbis halbieren, von Kernen und Fasern befreien und der Länge nach zerteilen. Die Fruchtspalten auf ein Brett legen, schälen und in Stücke schneiden. Die Kürbisstücke in 1/2 Liter Milch 20 Minuten garen.

Die Maronen in einer Kasserolle mit reichlich heißem Wasser bedecken, in dem zuvor der Brühwürfel aufgelöst wurde. Nach der Packungsanleitung garen und darauf achten, dass sie nicht zerfallen.

Das Kürbisfleisch mit ein wenig Garflüssigkeit pürieren, salzen, pfeffern und mit der restlichen Milch auf die gewünschte Konsistenz bringen. Die Crème fraîche unterziehen, die Suppe behutsam wieder erhitzen und nochmals abschmecken. Warm stellen.

Die Butter in einer Pfanne zerlassen und die Maronen bei lebhafter Hitze kurz darin schwenken. Die Kürbissuppe gleichmäßig auf Teller verteilen und mit den Maronen garnieren.

Damit die Maronen während des Garens nicht zerfallen, geben Sie 1 Esslöffel Stärkemehl in das Kochwasser. Die Maronen sind gar, wenn sie sich mit den Fingern zerdrücken lassen.

Wiesensuppe

soupe des prés

Das Glück liegt auf der Wiese und in dieser einfachen Suppe, die nach nichts verlangt als ein paar Kartoffeln und einer Hand voll duftender wilder Kräuter.

Für 4 Personen

Vorbereitung: 15 Minuten

Garzeit: 45 Minuten

1 großes Bund verschiedene wilde Kräuter (Brennnessel, Portulak, Malve, Sauerampfer etc.)
2 EL Olivenöl
500 g Kartoffeln
2 EL Crème fraîche
Salz, Pfeffer aus der Mühle

Die Kräuter putzen, waschen und fein schneiden. In einer großen Kasserolle in dem Olivenöl 2 Minuten zusammenfallen lassen.

Die Kartoffeln schälen, vierteln und zu den Kräutern geben. Mit 1 Liter Wasser auffüllen, salzen und pfeffern. Zum Kochen bringen und etwa 45 Minuten auf kleiner Flamme garen.

Die Crème fraîche unterrühren, die Suppe abschmecken und nach Belieben mit gerösteten Croûtons servieren.

Je nach Ihren botanischen Kenntnissen können Sie die Zahl der wilden Kräuter erweitern oder die Sorten variieren. Als Alternative bieten sich Spinat, Blattsalat oder Löwenzahn an. Anstelle der Kartoffeln kann man auch eine großzügige Tasse Reis verwenden.

Kieselsuppe

soupe au caillou

Der heiße Kieselstein soll mit seinem Tanz auf dem Boden des Suppentopfes das Gemüse zerkleinern. Aber wenn Sie gerade keinen zur Hand haben, können Sie die Suppe auch so kochen.

Für 4 Personen • Vorbereitung: 15 Minuten • Garzeit: 1–1 1/2 Stunden

1 kleiner Kohlrabi • 2 Möhren • 1 kleiner Knollensellerie • 1 weiße Rübe • 1 große Kartoffel • 1 Zwiebel • 200 g geräucherter Bauchspeck • 4 EL Crème fraîche • Salz, Pfeffer aus der Mühle

Das Gemüse waschen, schälen und in Würfel schneiden. Den Räucherspeck von der Schwarte befreien und in Streifen schneiden.

Die Gemüsewürfel und die Speckstreifen in einem Schmortopf vermengen und großzügig mit Wasser bedecken. Mit Salz und Pfeffer würzen und den Kieselstein einlegen. Die Mischung zum Kochen bringen und je nach gewünschter Konsistenz 1–1 1/2 Stunden auf kleiner Flamme köcheln lassen.

Die Suppe mit der Crème fraîche legieren, kurz aufkochen und servieren.

Salzen Sie die Suppe sehr sparsam, da der Speck bereits für Würze sorgt.

Kohlrabisuppe mit Reblochon

soupe de reblochon au chou-rave

Es gibt eine unbestreitbare Affinität zwischen dem milden Geschmack von Kohlrabi und dem würzigen Aroma eines Reblochon.

Für 4 Personen

Vorbereitung: 15 Minuten

Garzeit: etwa 1 Stunde

150 g Kohlrabi
300 g Kartoffeln
1 Stange Lauch
1 EL Butter
150 g geräucherter Bauchspeck
1 kleiner Reblochon
Salz, Pfeffer aus der Mühle

Den Kohlrabi und die Kartoffeln schälen und in Stücke schneiden. Den Lauch mit den grünen Blättern der Länge nach zweimal einschneiden, unter fließendem Wasser gründlich waschen und in feine Streifen schneiden. Die Butter aufschäumen lassen und den Lauch darin zugedeckt auf kleiner Flamme 8 Minuten anschwitzen. 1 1/2 Liter Wasser zugießen, den Kohlrabi, die Kartoffeln und den geräucherten Speck hineingeben und 50 Minuten garen.

Den Speck herausnehmen, die Suppe durch ein Passiergerät drehen und abschmecken.

Den Reblochon mit oder ohne Rinde würfeln. Die Suppe zum Kochen bringen; falls sie zu dick ist, mit etwas Wasser auf die gewünschte Konsistenz bringen. Abseits der Kochstelle die Käsewürfel unterrühren und sofort servieren.

Sie können die Suppe auch mit dem Speck servieren. Dazu muss der Speck jedoch weitere 30 Minuten in kochendem Wasser gegart werden.

Kohlsuppe

soupe au chou

Alles hängt von der Sorte ab. Die beste Kohlsuppe stammt aus der Vendée, wo sie aus den jungen Trieben des Futterkohls und *mogettes* (getrocknete weiße Bohnen) zubereitet wird – eine Suppe, die man unter dem Namen *ortaliça com fejao* auch in Portugal kennt.

Für 4 Personen • Vorbereitung: 15 Minuten • Garzeit: etwa 2 Stunden

1 Wirsingkohl • 300 g gepökelter Schweinebauch *(petit salé)* • 1 Bouquet garni • 200 g Möhren • 300 g Kartoffeln • 1 Zwiebel • 1 Stange Lauch • Grobes Salz, Pfeffer aus der Mühle

Am Vortag den gepökelten Schweinebauch in einem Durchschlag in eine Schüssel mit kaltem Wasser legen und über Nacht wässern lassen, um das überschüssige Salz auszuschwemmen.

Am folgenden Tag das Fleisch abspülen und mit dem Bouquet garni in einen großen Schmortopf legen. Mit Wasser auffüllen (nicht salzen!) und zum Kochen bringen. Dabei regelmäßig abschäumen. 1 Stunde auf kleiner Flamme kochen lassen.

Den Wirsing putzen, schadhafte Blätter entfernen, den Kohl vierteln und den Strunk herausschneiden. Den Wirsing grob hacken. Die Möhren, Kartoffeln und die Zwiebel schälen. Einen Teil des Lauchgrüns wegschneiden, den Lauch längs zweimal einschneiden, gründlich waschen und in Stücke schneiden.

Das Gemüse in den Schmortopf geben und auf kleiner Flamme 1 weitere Stunde garen. Abschmecken.

Die Brühe in einer Suppenschüssel servieren. Das Gemüse und das Pökelfleisch separat dazu reichen.

Traditionell legt man eine Scheibe Roggenbrot auf den Boden jedes Suppentellers. Noch raffinierter wird die Suppe, wenn man zusätzlich einige Scheibchen Cantal in die Terrine gibt.

Bei einer anderen Variante wird das Pökelfleisch durch mageren Speck ersetzt, was zu einer etwas milderen Brühe führt. Auch verschiedene Würste, ja sogar Fleischwurst, sind ein denkbarer Ersatz.

Man kann aber genauso gut 50 g fetten Speck in 1 Esslöffel Walnussöl bräunen, Wasser zugießen, um den Garprozess zu stoppen, und dann den Kohl und die Kartoffeln zugeben (das andere Gemüse wird dabei nicht gebraucht).

Knoblauchsuppe

soupe à l'ail, dite aigo-boulido

Aigo-boulido – wörtlich „gekochter Knoblauch" – ist eine Spezialität aus der Provence. Es kursieren ein gutes Dutzend Rezepte, aber dieses hier ist das beste. Die einfache Suppe war früher übrigens die entscheidende Prüfungsaufgabe bei der Auswahl eines Küchenmädchens.

Für 4 Personen

Vorbereitung: 5 Minuten

Garzeit: 15 Minuten

10 Knoblauchzehen

1 Prise Thymian

1 Lorbeerblatt

3 Salbeiblätter

1 Eigelb

50 ml Olivenöl

Salz, Pfeffer aus der Mühle

Die Knoblauchzehen schälen, längs halbieren und den schwer verdaulichen Keim entfernen. Zusammen mit dem Thymian, dem Lorbeerblatt und dem Salbei 15 Minuten in 1 Liter gesalzenem Wasser kochen.

Das Eigelb in einer Schüssel mit dem Olivenöl verrühren. Anschließend etwa 100 ml der nicht mehr kochenden Knoblauchbrühe unterschlagen.

Den Knoblauch, Lorbeer und Salbei aus der Brühe entfernen und die „Mayonnaise" einrühren. Die Knoblauchsuppe abschmecken und sofort servieren.

Als Einlage kann man zusätzlich eine Hand voll Nudeln (Vermicelli) in die Suppe geben oder, an heißen Tagen im Sommer, eiskalte Milch zugießen. Traditionell legt man vor dem Servieren eine Scheibe altbackenes oder im Ofen geröstetes Bauernbrot auf die Teller, das man zuvor mit frischem Knoblauch eingerieben und mit Olivenöl beträufelt hat. Ich rate davon ab, da sich das Öl an der Oberfläche der Suppe absetzt und unschöne Fettaugen hinterlässt.

Meeraal-Suppe

soupe de congre

Meeraal, dessen Langlebigkeit legendär ist, verleiht dieser Variante der universellen Fischsuppe Substanz und ein kräftiges Aroma.

Für 4 Personen

Vorbereitung: 10 Minuten

Garzeit: etwa 45 Minuten

500 g Meeraal, in Stücke zerteilt

2 große Zwiebeln

500 g Kartoffeln

2 EL Butter

1 Zweig Thymian

1 Lorbeerblatt

Grobes Salz, Pfeffer aus der Mühle

Die Zwiebeln schälen und fein würfeln; die Kartoffeln schälen und vierteln.

In einem Schmortopf die Zwiebeln 5 Minuten unter Rühren anschwitzen. Die Kartoffeln, den Meeraal, Thymian und Lorbeer zugeben und mit Salz und Pfeffer würzen. 1 1/2 Liter Wasser zugießen, etwa 45 Minuten kochen lassen und servieren.

Verwenden Sie möglichst nur das vordere, direkt hinter dem Kopf liegende Stück des Meeraals. Es liefert das feinste Fleisch und hat weniger Gräten. Meeraal hat keine Schuppen, daher ist seine Haut recht glitschig. Bestreuen Sie ihn vor dem Zerteilen mit grobem Salz, so lässt er sich besser greifen.

Kraftbrühe mit Thymian und Knoblauch

consommé au thym et à l'ail

Sowohl Thymian als auch Knoblauch haben eine reinigende Wirkung auf unser Blut. Thymian wirkt zugleich beruhigend auf Magen und Darm.

Für 4 Personen • Vorbereitung: 10 Minuten • Garzeit: 15 Minuten

1 Würfel Geflügelbrühe • 3 Knoblauchzehen • 3 Zweige Thymian • 1 großzügige Hand voll feine Nudeln (Vermicelli) • Olivenöl (nach Belieben) • Salz, Pfeffer aus der Mühle

Die Brühe mit 800 ml Wasser, dem geschälten Knoblauch und dem abgezupften Thymian zum Kochen bringen und 10 Minuten garen.

Den Knoblauch herausnehmen und die Brühe abschmecken. Die Nudeln hineingeben und zugedeckt 2–3 Minuten quellen lassen. Nach Belieben mit einem Schuss Olivenöl abrunden und servieren.

Greifen Sie in der Knoblauchsaison immer zu frischem, jungem Knoblauch. Doch Vorsicht! Zu früh geerntete Ware, die häufig auf den Märkten angeboten wird, besteht fast nur aus Schale. Sie können für diese Brühe auch eine ganze Knoblauchknolle verwenden, die Sie zuvor halbiert haben.

Kalte Zucchinisuppe

soupe froide de courgettes

Dies ist eine neue Variante des berühmten Gazpacho, allerdings mit einem Soloauftritt einer einzigen seiner Zutaten: Zucchini.

Für 4 Personen • Vorbereitung: 15 Minuten • Garzeit: 15 Minuten

700 g Zucchini • 750 ml Milch • 1 große Prise getrocknetes Bohnenkraut • 1/2 Würfel Geflügelbrühe • 2 EL Crème fraîche • Salz, Pfeffer aus der Mühle

Die Zucchini waschen, Stielansätze entfernen und das Fruchtfleisch in dünne Scheiben schneiden. Die Scheiben mit Salz einreiben und im Dämpfeinsatz eines Schnellkochtopfs 5 Minuten dämpfen.

Die Zucchinischeiben mit einem Drittel der Milch in der Küchenmaschine pürieren. Das Püree erhitzen, das Bohnenkraut unterrühren und mit Pfeffer würzen. Den halben Brühwürfel in der restlichen Milch auflösen und unter das Püree rühren. Die Crème fraîche zugeben, die Zucchinisuppe kurz aufkochen und abschmecken.

Die abgekühlte Suppe mindestens 2 Stunden in den Kühlschrank stellen und gut gekühlt servieren.

Ohne Salz schmecken Zucchini etwas fade. In der Pfanne gebratene Zucchini sollten aber immer erst zum Schluss gesalzen werden, da sie sonst leicht zerfallen.

Savoyer Kartoffelküchlein

matafans savoyards

Diese Crêpes nach alter Art sind begeisterte Anhänger der Kartoffel und, so könnte man sagen, die französische Variante der deutschen Reibekuchen.

Für 4 Personen • Vorbereitung: 20 Minuten • Garzeit: etwa 10 Minuten

600 g Kartoffeln • 1 Knoblauchzehe • 3 Eier • Erdnussöl • Salz, Pfeffer aus der Mühle

Die Knoblauchzehe schälen, entkeimen und fein würfeln. Die Kartoffeln schälen, waschen und wie für Strohkartoffeln reiben. Überschüssiges Wasser gut ausdrücken. Die Kartoffelstreifen in eine Schüssel geben, mit Salz und Pfeffer würzen und die leicht verschlagenen Eier sowie den Knoblauch untermengen.

In eine große Pfanne etwa 1 cm hoch Öl einfüllen, das Öl erhitzen. Die Kartoffelmasse löffelweise in das heiße Öl geben und mit dem Löffelrücken zu etwa 7 cm großen Küchlein abflachen.

Die Kartoffelküchlein von jeder Seite 5 Minuten goldgelb backen. Die fertigen Küchlein auf Pergamentpapier oder Küchenkrepp kurz abtropfen lassen und heiß servieren.

Die geriebenen Kartoffeln sollten möglichst rasch verarbeitet werden, da sie sich sehr schnell verfärben und Flüssigkeit abgeben, sobald sie gesalzen sind.

Wirsingtarte mit Kümmel

tarte de chou au cumin

Kümmel ist ein klassisches Kohlgewürz. Wie das Gemüse ist er von uraltem europäischem Ursprung. Sein Aroma harmoniert hervorragend mit den anderen Zutaten dieser Tarte.

Für 4 Personen • Vorbereitung: 25 Minuten • Garzeit: etwa 40 Minuten • Ruhezeit: 30 Minuten

300 g Mürbeteig (Rezept S. 7) • 1 EL Mehl • 3 EL Butter • 125 g magerer Speck • 1 Wirsingkohl • 1 EL Kümmel • 3 Eier • 3 gehäufte EL Crème fraîche • Grobes und feines Salz, Pfeffer aus der Mühle

Den Mürbeteig auf der bemehlten Arbeitsfläche ausrollen. Eine Tarteform von etwa 22 cm Durchmesser ausbuttern und mit Mehl bestäuben. Die Form mit dem ausgerollten Teig auskleiden und 30 Minuten im Kühlschrank ruhen lassen.

Den Speck in feine Würfel schneiden und in einem Schmortopf mit etwas Butter anschwitzen. Den Wirsingkohl teilen, vom Strunk befreien und der Länge nach in mehrere Stücke zerteilen. Die Blätter in etwa 1/2 cm breite Streifen schneiden. Die Kohlstreifen in einem großen Topf 5 Minuten in kochendem Salzwasser blanchieren. Sofort unter fließendem Wasser kalt abschrecken und abtropfen lassen.

Den Ofen auf 220 °C vorheizen.

Den Kohl mit 1 Esslöffel Butter zu dem Speck in den Schmortopf geben und kurz mit anschwitzen. Den Topf von der Kochstelle ziehen, den Kümmel unterrühren und die Mischung mit Salz und Pfeffer abschmecken.

In einer Salatschüssel die Eier mit einer Gabel verschlagen, die Crème fraîche unterrühren und mit Salz und Pfeffer würzen. Die Kohlmischung in die Eiermasse geben und gründlich vermengen. Den Teigboden mit einer Gabel mehrmals einstechen und die vorbereitete Masse darauf verteilen. Die Tarte etwa 40 Minuten im Ofen backen.

Um den Speckgeschmack stärker hervorzuheben, können Sie die Butter auch durch ausgelassenen fetten Speck ersetzen. Rühren Sie die Füllung der Tarte vor dem Backen mit einem Löffel vorsichtig durch, damit sämtliche Zutaten möglichst gleichmäßig verteilt werden.

Weiße Bohnen mit Sardellenbutter

haricots blancs au beurre d'anchois

Mit Sardellen zu würzen ist ein Brauch, der noch aus der Zeit stammt, als Meersalz mit einer hohen Steuer belegt war. Die eingesalzenen Fische entgingen der Salzsteuer und damit auch den häuslichen Kontrollen des Fiskus.

Für 4 Personen • Vorbereitung: 25 Minuten • Garzeit: etwa 1 Stunde • Einweichzeit: 2 Stunden

800 g frische weiße Bohnen, enthülst • 150 g geräucherter Bauchspeck • 2 Zwiebeln • 1 Knoblauchzehe • 1 große, vollreife Tomate • 1 Würfel Geflügelbrühe • 3 EL Olivenöl • 1 Bouquet garni • 1 kleiner Zweig Rosmarin • 3 Salbeiblätter • 4 Sardellenfilets • 4 EL Butter • Salz, Pfeffer aus der Mühle

Die Sardellenfilets 2 Stunden wässern.

Den geräucherten Speck von der Schwarte befreien und in kleine Würfel schneiden. Die Zwiebeln schälen und grob würfeln. Den Knoblauch schälen, längs halbieren und den Keim entfernen. Die Tomate 30 Sekunden in kochendem Wasser blanchieren und häuten.

Den Brühwürfel mit einer Gabel in 150 ml heißem Wasser zerkleinern.

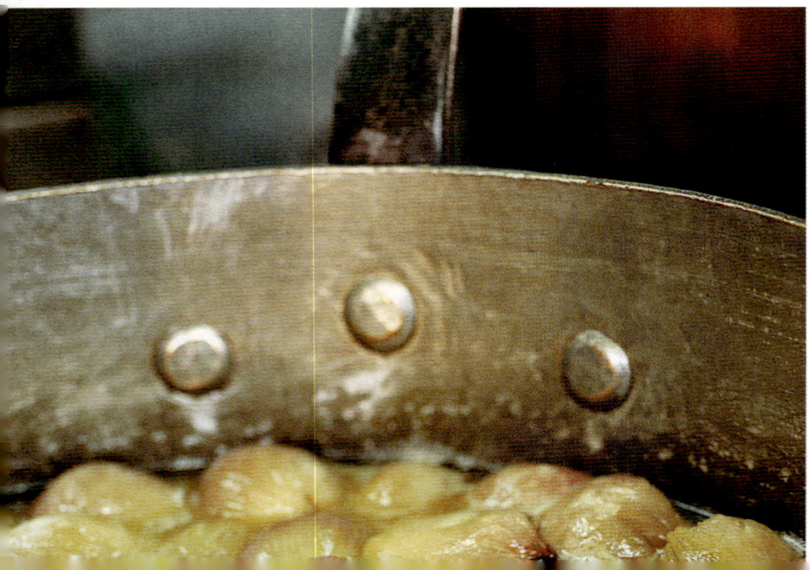

Das Olivenöl in einem Schmortopf erhitzen. Darin den Speck auslassen, dann die Bohnen, die Zwiebeln und den Knoblauch hineingeben, pfeffern und unter Rühren 3 Minuten anschwitzen.

Die Brühe und so viel Wasser zugießen, dass sämtliche Zutaten gut bedeckt sind. Die Tomate halbieren und den Saft über dem Topf auspressen. Das Fruchtfleisch grob schneiden und mit dem Bouquet garni, dem Rosmarin und dem Salbei zugeben. Etwa 1 Stunde köcheln lassen.

In einer kleinen Schüssel die abgetrockneten und gehackten Sardellenfilets mit der Butter zu einer homogenen Masse verarbeiten. Das Bouquet garni aus den Bohnen entfernen, die Bohnen abschmecken und im Topf servieren. Die Sardellenbutter separat dazu reichen.

Weiße Bohnen sollten niemals gleich zu Beginn, sondern erst nach der Hälfte der Garzeit gesalzen werden, da das sich an der Außenhaut festsetzende Salz die Bohnenkerne hart werden lässt. Bei diesem Rezept ist Salz überhaupt nicht erforderlich, da Speck und Geflügelbrühe bereits für die nötige Würze sorgen.

Durch das Auspressen der Tomatenhälften geht nichts von dem aromatischen Saft verloren, der beim Einkochen zusätzlich Geschmack beisteuert.

Verwenden Sie ausschließlich in Salz eingelegte Sardellen, kein in Öl eingelegtes Produkt.

Kohlwickel mit Kürbisfüllung

potiron au chou frisé

Voilà eine bemerkenswerte Vermählung zwischen Kürbis und Wirsingkohl mit einem Ei als Trauzeugen. Da der Kürbis gerade eine Renaissance erlebt, kann dieses Rezept durchaus als moderne Küche gelten.

Für 4 Personen

Vorbereitung: 15 Minuten

Garzeit: 15 Minuten

1 kleiner Wirsingkohl

500 g Gartenkürbis oder Hokkaidokürbis

1 EL Olivenöl

4 Eier

4 EL Crème fraîche

Grobes und feines Salz, Pfeffer aus der Mühle

Von dem Kohlkopf 8 möglichst runde und gewölbte Blätter ablösen. Die Blätter waschen, Stielansätze und dicke Blattrippen entfernen und einige Minuten in kochendem Salzwasser blanchieren. Abtropfen lassen. Den Kürbis schälen, Kerne und Fasern herausschaben und das Fruchtfleisch in kleine Würfel schneiden. Das Olivenöl in einer Pfanne erhitzen und die Kürbiswürfel darin bei lebhafter Hitze 2–3 Minuten sautieren. Salzen und pfeffern. Den Ofen auf 240 °C vorheizen.

Auf 4 große Stücke Alufolie je ein Kohlblatt legen. Mit einem Löffel die sautierten Kürbiswürfel einfüllen, etwas verteilen und in der Mitte eine Mulde bilden. Jeweils 1 Ei in die Mulde schlagen und mit je 1 Esslöffel Crème fraîche überziehen. Die Füllung salzen, pfeffern und mit einem zweiten Kohlblatt bedecken.

Die Kohlwickel vorsichtig in die Alufolie einschlagen und 7 Minuten backen.

Damit die Kohlblätter unbeschädigt bleiben, sollte man sie möglichst nah am Strunk voneinander trennen. Die rundlichen und schön gewölbten Exemplare dienen zum Füllen. Die Deckelblätter können ruhig etwas beschädigt sein. Das Kürbisfleisch sollte beim Sautieren fest bleiben. Sobald es etwas Farbe angenommen hat (nach etwa 1–2 Minuten), von der Kochstelle ziehen.

Das Backen im Ofen (etwa 7 Minuten) dient lediglich zum Garen des Kohls. Machen Sie einen Probelauf, bevor Sie dieses Gericht Gästen servieren.

Kartoffeln mit Speck

pommes de terre au lard

Gibt man diesem Gericht noch jungen, grob geschnittenen Tomme de Cantal hinzu, serviert man im Handumdrehen eine köstliche *truffade*. Der Begriff geht übrigens auf die Bezeichnung der Kartoffel in der Auvergne zurück.

Für 4 Personen
Vorbereitung: 15 Minuten
Garzeit: 20 Minuten

800 g Kartoffeln
1 Bund Petersilie
200 g geräucherter Bauchspeck
2 EL Gänseschmalz (ersatzweise Schweineschmalz oder Butter)
Salz, Pfeffer aus der Mühle

Die Kartoffeln schälen, grob würfeln, waschen und trockenreiben. Die Petersilie abzupfen, waschen, sorgfältig abtropfen lassen und hacken.

Den Speck von der Schwarte befreien und in Streifen schneiden. Die Speckstreifen in einer Kasserolle mit 1/2 Liter kaltem Wasser bedecken und zum Kochen bringen.

Die Kartoffeln in einen Schmortopf geben und zur Hälfte mit der Kochflüssigkeit und dem Speck auffüllen. Das Gänseschmalz zugeben und im Ofen 20 Minuten bei 200 °C garen.

Die Kartoffeln abschmecken, mit der Petersilie bestreuen und heiß servieren.

Im Gegensatz zu sautierten oder gebratenen Kartoffeln werden Kartoffeln für ein Gratin zuvor nicht gewaschen, damit ihre Stärke nicht ausgeschwemmt wird, die zur Bindung benötigt wird.

Spargelgratin mit geräuchertem Speck und Bauernschinken

gratin d'asperges à la poitrine fumée et au jambon de pays

Ein Rezept aus den Landes. Früher verwendeten die Hausfrauen dafür in Gläser eingemachten grünen Spargel. Heute wird man in jedem Fall frischen grünen Spargel bevorzugen. Zu empfehlen sind auch die lose angebotenen Spitzen des weißen Spargelbruchs.

Für 4 Personen • Vorbereitung: 20 Minuten • Garzeit: 25 Minuten

1 kg grüne Spargelspitzen • 150 g geräucherter Bauchspeck • 150 g roher Bauernschinken • 100 g gekochter Schinken • 1 EL Gänseschmalz • 2 gehäufte EL Butter • 1 gehäufter EL Mehl • 200 ml Sahne • 1 Prise Muskatnuss • Grobes und feines Salz, Pfeffer aus der Mühle

Die Spargelspitzen am Ende um 1 cm kürzen und je nach Dicke in kochendem Salzwasser (1 Esslöffel grobes Salz pro Liter) 8–12 Minuten garen. Das Spargelwasser zurückbehalten und den Spargel unter fließendem Wasser kalt abschrecken.

Den geräucherten Speck von der Schwarte befreien und in feine Würfel schneiden. Die Speckwürfel in einer Kasserolle mit kaltem Wasser bedecken, zum Kochen bringen und sofort in einem Durchschlag unter fließendem Wasser kalt abschrecken. Abtropfen lassen. Die Schinkenscheiben würfeln und zusammen mit dem Speck in dem heißen Gänseschmalz 30 Sekunden anschwitzen.

In einer Kasserolle 1 gehäuften Esslöffel Butter und das Mehl erhitzen. Sobald die Mehlschwitze sich goldgelb verfärbt, nach und nach jeweils 200 ml Spargelwasser und die gleiche Menge Sahne einrühren. Die Béchamel mit Muskatnuss, Salz und Pfeffer würzen und etwa 10 Minuten unter gelegentlichem Rühren leise köcheln lassen. Abschmecken. Den Ofen auf 240 °C vorheizen.

Eine Auflaufform mit der restlichen Butter ausstreichen und etwas Béchamel einfüllen. Die Spargelspitzen, Schinken- und Speckwürfel gleichmäßig in der Form verteilen und mit der restlichen Béchamel übergießen. Das Spargelgratin 10 Minuten im Ofen backen, anschließend 3 Minuten unter dem Grill gratinieren und sofort servieren.

Sie können für diesen Auflauf auch ganze Spargelstangen verwenden. Früher wurde die Garflüssigkeit des Gemüses niemals weggegossen, sondern diente als Grundlage für Suppen. Der geräucherte Bauchspeck sollte zuvor unbedingt blanchiert werden, da sein rauchiger Geschmack sonst die anderen Aromen überdeckt.

Kartoffeln „Madame Tochon“

pommes de terre de madame Tochon

Madame Tochon hat mit ihrem Rezept allen Feinschmeckern einen großen Dienst erwiesen, als sie aus den notorisch tristen Pellkartoffeln eine echte Delikatesse zauberte.

Für 4 Personen • Vorbereitung: 10 Minuten • Garzeit: 40 Minuten

800 g Kartoffeln (vorzugsweise Charlotte) • 300 g Reblochon • 4 Scheiben roher Schinken • 1 Glas Perlzwiebeln • 1 Glas Cornichons • Grobes Salz, Pfeffer aus der Mühle

Die Kartoffeln unter fließend kaltem Wasser abbürsten und 10 Minuten in Salzwasser garen. Die Rinde des Reblochon entfernen und den Käse in Würfel schneiden. Den Ofen auf 240 °C vorheizen.

Die Kartoffeln der Länge nach halbieren und vorsichtig einen Teil des Fruchtfleischs herauslösen. Die Aushöhlungen mit dem Käse füllen und kräftig mit gemahlenem Pfeffer würzen. Die Kartoffeln wieder zusammensetzen und in Alufolie wickeln.

Im Ofen 30 Minuten backen und sofort servieren. Den Schinken, die Perlzwiebeln und die Cornichons separat dazu reichen.

Die Kartoffeln dürfen vor dem Füllen nur halbgar sein. Durchgegart werden sie, wie hier angegeben, im Ofen oder besser noch in der Holzkohleglut.

Linsensalat mit Fourme d'Ambert

salade de lentilles à la fourme d'Ambert

Dem Beispiel Esaus, Sohn des Isaak, folgend, würde auch heute mancher Bewohner der Auvergne sein Erstgeburtsrecht für diesen Linsensalat verkaufen, dessen Rezept so alt ist wie die Schöpfung des Fourme d'Ambert.

Für 4 Personen • Vorbereitung: 15 Minuten • Garzeit: 30 Minuten

200 g Puy-Linsen • 1 Möhre • 1 Zwiebel • 1 Zweig Thymian • 1 Lorbeerblatt • 1 EL Butter • Erdnussöl • Weinessig • 1 EL scharfer Senf • 3 Schalotten • 1 Bund Petersilie • 1 Bund Schnittlauch • 2 Frühlingszwiebeln • 150 g Fourme d'Ambert • Salz, Pfeffer aus der Mühle

Die Linsen kurz abspülen. Die Möhre und die Zwiebel schälen, in feine Würfel schneiden und 3 Minuten in der Butter anschwitzen. Die Linsen, den Thymian und den Lorbeer zugeben und mit der dreifachen Menge Wasser auffüllen. Die Linsen 20–25 Minuten kochen lassen. Zum Ende der Garzeit mit Salz und Pfeffer würzen.

Für die Vinaigrette zunächst das Öl mit dem Essig, Salz und Pfeffer verrühren, dann den Senf und die geschälten, fein gewürfelten Schalotten unterrühren. Die Petersilie abzupfen, waschen, gründlich abtropfen lassen und hacken. Den Schnittlauch putzen und in Röllchen schneiden.

Die Linsen abgießen und abtropfen lassen. Mit der Vinaigrette vermengen und sorgfältig durchheben. Die Kräuter über den Salat streuen und mit dem in Scheibchen geschnittenen Fourme d'Ambert sowie dem Grün der Frühlingszwiebeln garnieren.

Sind die Linsen nach dem Ende der Garzeit noch nicht weich, lassen Sie sie zugedeckt im Topf abseits der Kochstelle noch etwas nachziehen. Linsen sollten immer erst kurz vor Ende der Garzeit gesalzen werden, da ihre Schale sonst hart wird.

Steckrüben mit Reblochon und Koriandersauce *rutabagas au reblochon, sauce à la coriandre*

Wie der Kohlrabi hat auch die Steckrübe lange unter dem Ruf gelitten, ein Grundnahrungsmittel für Notzeiten zu sein. Dabei ist sie ein sehr wohlschmeckendes Gemüse.

Für 4 Personen
Vorbereitung: 25 Minuten
Garzeit: 45 Minuten

12 kleine Steckrüben
1/2 Bund frisches Koriandergrün
300 g Reblochon
100 ml trockener Weißwein
100 ml Sahne
Grobes und feines Salz, Pfeffer aus der Mühle

Die Steckrüben schälen und 30–40 Minuten in Salzwasser garen. Eine kleine Hand voll Koriandergrün abzupfen, waschen, gründlich abtropfen lassen und hacken.

Den Reblochon entrinden, in Würfel schneiden und in der Küchenmaschine mit dem Weißwein pürieren. Die Sahne aufkochen, in die Käse-Wein-Mischung geben und stoßweise weitermixen.

Die Rüben abtropfen lassen, einen Deckel abschneiden und das Innere mit einem Kugelausstecher sorgfältig aushöhlen. Die Reblochon-Creme auf ganz kleiner Flamme unter ständigem Rühren langsam wieder erwärmen (auf keinen Fall aufkochen!). Die ausgehöhlten Rüben mit der Mischung füllen und mit etwas Pfeffer würzen.

Unter die restliche Reblochon-Creme 1 Esslöffel gehacktes Koriandergrün ziehen. Die gefüllten Steckrüben auf vorgewärmten Tellern anrichten und mit einem großzügigen Löffel Creme überziehen. Sofort servieren.

Die Steckrüben sollten gar sein, aber noch etwas Biss haben. Zur Garprobe mit einer Messerspitze einstechen.

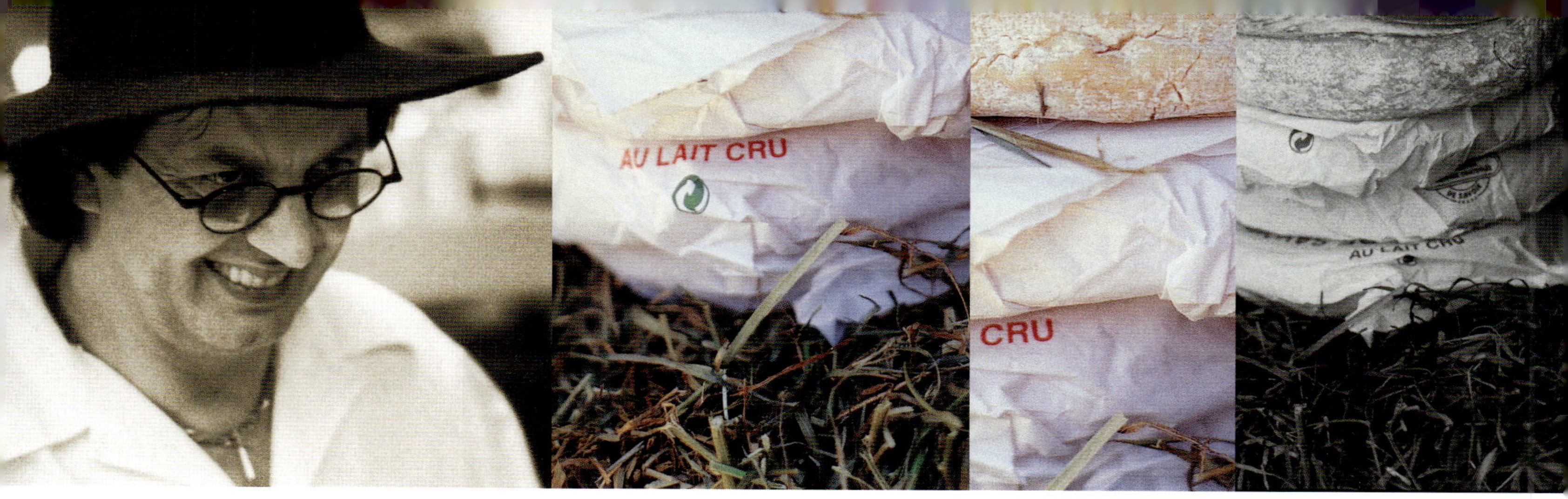

Lauchtarte mit leicht gepökeltem Schweinebauch *tarte aux poireaux et au petit salé*

Früher ersetzte ein kleiner Rest *petit salé* (leicht gepökelter Schweinebauch) den geräucherten Speck in einer Tarte. *Petit salé* passt wunderbar zu Lauch.

Für 4 Personen
Vorbereitung: 20 Minuten
Garzeit: 1 Stunde
Ruhezeit: 30 Minuten

300 g Mürbeteig (Rezept S. 7)
1 gestrichener EL Mehl
75 g Butter
1,5 kg Lauch
200 g leicht gepökelter gekochter Schweinebauch
3 Eier
2 gehäufte EL Crème fraîche
100 g Frischkäse (vorzugsweise *saint-florentin*)
80 ml Milch
1 Prise Muskatnuss
Salz, Pfeffer aus der Mühle

Den Mürbeteig auf einer bemehlten Arbeitsfläche ausrollen und eine 22 cm große, gebutterte und mit Mehl bestäubte Tarteform damit auskleiden. 30 Minuten im Kühlschrank ruhen lassen.

Die grünen Lauchspitzen abschneiden, die Stangen der Länge nach einige Zentimeter einschneiden und gründlich waschen. Den Lauch in feine Scheiben schneiden, das Pökelfleisch in Stücke zerteilen und beides zugedeckt in der Butter 10–15 Minuten auf kleiner Flamme anschwitzen. Salzen und pfeffern.

Den Ofen auf 150 °C vorheizen.

Die Eier mit der Crème fraîche, dem Frischkäse und der Milch verschlagen. Mit Salz, Pfeffer und Muskatnuss würzen. Mit der Lauch-Fleisch-Mischung vermengt in die Tarteform füllen und im Ofen 1 Stunde backen. Lauwarm servieren.

Wenn Sie den dickeren Winterlauch verwenden, sollten Sie den Ansatz etwas aushöhlen, da er schwammig und ohne Geschmack ist.

Kohlsalat mit Äpfeln

salade de chou aux pommes

Dieser solide Salat aus rohem Wirsingkohl und Äpfeln hat eine wohltuende Wirkung auf den gesamten Verdauungsapparat. Die Sauce setzt einen exotischen Akzent.

Für 4 Personen • Vorbereitung: 20 Minuten • Einweichzeit: 30 Minuten

1 kleiner Wirsingkohl • 2 EL Crème fraîche • Saft von 1/2 Zitrone • 1 EL Sojasauce • 3 EL Erdnussöl (oder eine Mischung aus Walnuss- und Erdnussöl) • 2 Äpfel (vorzugsweise Reinette) • Salz, Pfeffer aus der Mühle

Strunk und dicke Blattrippen des Kohls entfernen. Den Kohl in große Stücke zerteilen und dann in schmale Streifen schneiden. Die Kohlstreifen in lauwarmem gesalzenem Wasser 30 Minuten einweichen lassen. Gründlich abspülen und abtropfen lassen.

In einer Schüssel die Crème fraîche, den Zitronensaft, die Sojasauce und das Erdnussöl verschlagen und mit Salz und Pfeffer würzen. Die Äpfel erst kurz vor dem Servieren schälen und in Würfel schneiden. Die Äpfel und den Kohl in die Sauce geben und gründlich vermengen. Abschmecken und servieren.

Man kann das Erdnussöl mit etwas Walnussöl versetzen, das sowohl zu den Äpfeln als auch zum Kohl gut passt. Da es ein etwas kräftigeres Aroma hat, genügt ein Mischungsverhältnis von 1 zu 2.

Steinpilztarte mit jungem Tomme de Savoie

tarte aux cèpes et à la tomme fraîche

Diese Tarte serviert man gegen Ende des Sommers, wenn die ersten Steinpilze aus dem Boden schießen und etwas Käsebruch in den Leinentüchern der Pressen zurückgeblieben ist.

Für 4 Personen

Vorbereitung: 30 Minuten

Garzeit: 40 Minuten

350 g Mürbeteig (Rezept S. 7)
1 EL Mehl
1 EL Butter
600 g frische Steinpilze
1 Knoblauchzehe
1 Bund glatte Petersilie
2 EL Gänseschmalz (oder Butter)
150 g geräucherte Entenbrustfilets
150 g Tomme fraîche (junger, ungereifter Tomme)
Salz, Pfeffer aus der Mühle

Den Ofen auf 180 °C vorheizen. Den Mürbeteig auf der bemehlten Arbeitsfläche ausrollen. Eine Tarteform von etwa 22 cm Durchmesser ausbuttern und mit Mehl bestäuben. Den Teig in die Form einlegen und mit einer Gabel mehrmals einstechen. Den Teigboden mit einem Stück Alufolie auslegen und mit getrockneten Bohnen oder Backlinsen beschweren. Den Teig im Ofen 15 Minuten blindbacken. Herausnehmen und den Ofen anlassen.

Den Knoblauch schälen, entkeimen und hacken. Die Petersilie abzupfen und waschen. Gründlich abtropfen lassen und hacken. Die Steinpilze putzen, die erdigen Stielenden kappen, schadhafte Stellen entfernen und die Hüte mit einem feuchten Tuch abreiben. Hüte und Stiele voneinander trennen und die Stiele in kleine Würfel schneiden.

Das Gänseschmalz in der Pfanne sehr heiß werden lassen. Die gewürfelten Pilzstiele, den Knoblauch und 2 Esslöffel Petersilie hineingeben. Salzen, pfeffern und unter Rühren auf mittlerer Flamme 5 Minuten anschwitzen.

Die Bohnen oder Backlinsen und die Alufolie aus der Tarte entfernen. Den Tarteboden mit dünnen Scheiben geräucherter Entenbrust auslegen. Zunächst die gegarte Pilzmischung, dann die in Scheiben geschnittenen rohen Steinpilzhüte darauf verteilen. Die Mischung salzen und pfeffern und mit dem in Stücke zerteilten Tomme bedecken. Die Tarte im Ofen 15–20 Minuten backen.

Man kann den Knoblauch auch durch 2 Schalotten ersetzen. Schälen Sie die Steinpilzstiele, falls nötig, mit einem Sparschäler, das geht am einfachsten und hält den Schälverlust gering.

Steinpilze eignen sich sehr gut zum Einfrieren, daher können Sie problemlos gleich größere Mengen vorbereiten. Breiten Sie die gefrorenen Pilze am Vorabend auf einem großen, mehrfach gefalteten Küchentuch aus. Es saugt wie ein Löschblatt das Tauwasser auf. Am folgenden Tag wie im Rezept beschrieben fortfahren.

Tomaten gefüllt mit Eiern

tomates à l'œuf

Dieses Rezept ist die Abwandlung eines Klassikers, bei dem ein dickes Tomatenpüree in einer Gratinform ausgebreitet wird. Dann höhlt man mit einem Löffel kleine „Nester" aus und setzt dort je ein frisches Ei hinein.

Für 4 Personen • Vorbereitung: 10 Minuten • Garzeit: 8 Minuten • Abtropfzeit: 30 Minuten

4 mittelgroße Tomaten (möglichst eine abgeflachte Sorte) • 1/2 Bund Schnittlauch • 12 Zweige Kerbel • 10 Zweige Estragon • 6 Basilikumblätter • 4 ganz frische Eier • Salz, Pfeffer aus der Mühle • Olivenöl (nach Belieben)

Die Tomaten waschen und abtrocknen; Stielansätze daran belassen. Auf vier Fünftel einen Deckel abschneiden und beiseite legen. Mit einem Kugelausstecher das Fruchtfleisch herauslösen. Die Tomaten von innen salzen und umgedreht auf einem Gitterrost 30 Minuten abtropfen lassen.

Den Schnittlauch putzen und in Röllchen schneiden. Die übrigen Kräuter waschen, abtropfen lassen und hacken. Den Ofen auf 240 °C vorheizen.

Die Tomatenböden mit einem Teil der Kräuter bedecken, etwas salzen und pfeffern. In jede Tomate 1 Ei schlagen, salzen, pfeffern, mit den restlichen Kräutern bedecken und den Deckel wieder aufsetzen.

Die gefüllten Tomaten vorsichtig in eine Auflaufform setzen und im Ofen 6–8 Minuten garen. Nach Belieben mit einigen Tropfen Olivenöl verfeinern und in der Form servieren.

Sind die Tomaten zu rund, schneiden Sie die Deckel nicht am Stielansatz, sondern auf der gegenüberliegenden Seite ab. So haben die Früchte festeren Stand und kippen in der Form nicht um.

In der ländlichen Küche fängt man den abtropfenden Tomatensaft auf und lässt ihn in einer mit einem Tuch bedeckten Kasserolle in der Sonne verdunsten. Das Ergebnis ist eine Art Kruste, die man mit etwas Wasser vermengt unter Tomatensauce rührt, um ihr Aroma zu verstärken.

Die ausgehöhlten Tomaten sollten unbedingt gesalzen und zum Abtropfen umgedreht werden. Auf diese Weise wird überschüssige Flüssigkeit aus dem Fruchtmark ausgeschwemmt und zu viel Saftbildung während des Garens verhindert.

Savoyer Kartoffelkuchen

farcement de Robby

Dieses Gericht erinnert an die Farce, die man zu Weihnachten zum Füllen von Enten oder Gänsen verwendet. Unter einem Mantel aus fein geschnittenem Speck spielt sie hier die Hauptrolle.

Für 4 Personen • Vorbereitung: 25 Minuten • Garzeit: etwa 3 Stunden • Ruhezeit: 30 Minuten

800 g Kartoffeln (vorzugsweise Bintje) • 12 sehr feine Scheiben geräucherter Bauchspeck • 3 EL Rosinen • 150 g Backpflaumen • 4 Scheiben geräucherter Speck • 3 EL Butter • 1 großes Ei • Salz, Pfeffer aus der Mühle

Eine Charlottenform mit 1 Esslöffel Butter großzügig einfetten. Den Boden und die Seiten der Form so mit den feinen Speckscheiben auskleiden, dass sie über den Rand hinausragen. 30 Minuten in den Kühlschrank stellen.

Die Rosinen unter fließend heißem Wasser abspülen und abtropfen lassen. Die Backpflaumen ebenfalls heiß abspülen, entsteinen und das Fruchtfleisch grob hacken.

Die restlichen 4 Speckscheiben von der Schwarte befreien und in Würfel schneiden. In den verbliebenen 2 Esslöffeln Butter Farbe annehmen lassen. Die Kartoffeln schälen und reiben. Den Ofen auf 130 °C vorheizen.

In einer Schüssel die geriebenen Kartoffeln, die Speckwürfel, Rosinen und die gehackten Backpflaumen vermengen. Das leicht verschlagene Ei unterziehen und mit Salz und Pfeffer würzen. Die Mischung gründlich durchheben und in die Form einfüllen.

Die überlappenden Speckscheiben über die Füllung schlagen und mit einem großzügig gebutterten Stück Alufolie bedecken. Den Kartoffelkuchen im Ofen im heißen Wasserbad 2 1/2–3 Stunden garen. Verdampftes Wasser, falls nötig, ergänzen.

Den Kartoffelkuchen aus der Form stürzen und heiß servieren.

Durch das Kühlen im Kühlschrank wird die Butter hart, sodass die Speckscheiben besser am Rand der Form haften bleiben.
Um den zuckrigen Film von den Backpflaumen zu entfernen, kann man sie kurz in heißes Wasser tauchen und anschließend abreiben.

Salat von jungem Spinat mit Speck

salade de pousses d'épinard crues au lard

Wie Feldsalat verlangt auch roher Blattspinat nach Schweinespeck, der mit knusprig gebratenen Speckwürfeln und ausgelassenem Fett für Aroma und Schmelz sorgt. Ein Schuss guter Essig rundet das Gericht in der Regel ab.

Für 4 Personen • Vorbereitung: 20 Minuten • Garzeit: etwa 15 Minuten

400 g junger Spinat (möglichst feste Blätter; oder Neuseelandspinat) • 175 g geräucherter Bauchspeck • 4 Eier • Erdnussöl • Weinessig • Salz, Pfeffer aus der Mühle

Die Eier hart kochen, schälen und grob hacken. Den Spinat in reichlich Wasser gründlich waschen, die dicken Stiele entfernen, die Blätter abtropfen lassen und in eine Salatschüssel geben.

Den Speck von der Schwarte befreien und in kleine Würfel schneiden. Die Speckwürfel in einer Pfanne mit einem guten Esslöffel Öl anschwitzen. Sobald sie etwas Farbe angenommen haben, mit 3 Esslöffeln Essig ablöschen und von der Kochstelle ziehen. Etwas abkühlen lassen und die lauwarme Sauce über den Spinat schöpfen.

Die gehackten Eier zugeben, den Salat vorsichtig durchheben und mit Salz, Pfeffer und Öl abschmecken. Sofort servieren.

Gießt man den Essig kochend über den Spinat, werden die Blätter etwas weicher. Man kann die Salatschüssel zusätzlich mit frischem Knoblauch einreiben. Pochierte Eier sind eine schmackhafte Alternative zu hart gekochten Eiern.

Gemüse-Flan

flan de légumes

Bei einem Flan denkt man gleich an ein Dessert, dabei schmeckt er auch als pikante Zubereitung. Die Eiercreme, die bereits im Mittelalter populär war, harmoniert hervorragend mit jedem Gemüse.

Für 4 Personen

Vorbereitung: 25 Minuten

Garzeit: 1 Stunde

2 mittelgroße Auberginen
2 rote Paprika
2 Zucchini
2 Zwiebeln
4 Knoblauchzehen
4 Tomaten
1 EL Olivenöl
1 Zweig Thymian
4 Eier
150 g Mehl
300 ml Milch
1 EL Butter
Salz, Pfeffer aus der Mühle

Die Auberginen, Paprika und Zucchini waschen. Die Stielansätze und die Samen der Paprika entfernen. Das Gemüse separat in kleine Würfel schneiden. Die Auberginen- und Paprikawürfel 5 Minuten im Dämpfeinsatz des Schnellkochtopfs dämpfen. Die Zucchiniwürfel zugeben und weitere 5 Minuten dämpfen.

Die Zwiebeln und Knoblauchzehen schälen und würfeln. Die Stielansätze der Tomaten herausschneiden, die Tomaten halbieren und die Kerne herauspressen. Das Fruchtfleisch in Stücke schneiden.

Die gewürfelten Zwiebeln in dem heißen Öl 5 Minuten glasig schwitzen. Den Knoblauch und das gedämpfte Gemüse zugeben und 5 Minuten mitschwitzen.

Die grob geschnittenen Tomaten und eine großzügige Prise abgezupften Thymian unterrühren und weitere 5 Minuten garen. Mit Salz und Pfeffer würzen.

Den Ofen auf 210 °C vorheizen. Eier, Mehl und Milch verrühren. Salzen und pfeffern. Die Eiermischung und das Gemüse gleichmäßig in einer großzügig gebutterten Auflaufform verteilen und im Ofen etwa 30 Minuten backen.

Ob gedämpft oder geschmort, Zucchini garen erheblich schneller als die meisten anderen Gemüsesorten. Zucchini werden nicht geschält, da sie sonst ihre Festigkeit und einen Großteil ihres Aromas einbüßen. Damit sich das Gemüse nicht am Boden der Form absetzt, zunächst ein Drittel der Eiermasse in die Form geben und 2 Minuten im Ofen leicht stocken lassen. Anschließend das Gemüse und die restliche Eiermasse einfüllen.

Pfifferlinge mit Speck

girolles au lard

Zu keiner Zeit hat ein Feinschmecker jemals einen Teller mit Pfifferlingen verschmäht, schon gar nicht welche mit Speck. Die gewaschenen Pilze dürfen beim Sautieren ruhig etwas Flüssigkeit abgeben, umso besser nehmen sie dafür den Specksaft auf.

Für 4 Personen
Vorbereitung: 15 Minuten
Garzeit: 12 Minuten

800 g Pfifferlinge
200 g geräucherter Bauchspeck
3 Frühlingszwiebeln
1 gehäufter EL Butter
1 EL Erdnussöl
200 ml Sahne
Salz, Pfeffer aus der Mühle

Die erdigen Stielenden der Pfifferlinge abschneiden, die Pilze kurz abspülen und abtropfen lassen. Je nach Größe ganz lassen oder längs halbieren.

Den Speck von der Schwarte befreien und in Würfel schneiden. Die Frühlingszwiebeln putzen und in feine Scheiben schneiden. In einer Pfanne die Butter und das Öl erhitzen. Sobald das Fett heiß ist, die Speckwürfel hineingeben und 2 Minuten unter Rühren anschwitzen.

Die Pfifferlinge zugeben und 5–7 Minuten mitgaren, bis der austretende Saft vollständig verkocht ist. Dabei regelmäßig wenden. Dann die Sahne und die Frühlingszwiebeln zugeben.

Die Mischung auf großer Flamme 1 Minute einkochen lassen, mit Salz und Pfeffer abschmecken und servieren.

Nehmen Sie vorzugsweise kleine Pfifferlinge. Sie bleiben während des Garens fester und geben weniger Flüssigkeit ab als größere Exemplare. Beim Originalrezept werden die Pfifferlinge nach dem Garen noch mit geriebenem Käse bestreut. Das ist aber kein Muss.

Lauchgratin nach Savoyer Art

poireaux à la savoyarde

Der große Klassiker der ländlichen Küche der Savoie wird allzu oft durch geriebenen Gruyère (Greyerzer) verfälscht. Die einzigen Käsesorten, die Puristen dulden, sind Beaufort und Tomme.

Für 4 Personen

Vorbereitung: 20 Minuten

Garzeit: 60 Minuten

2 kg Lauch
100 g Butter
1 EL Erdnussöl
6 EL Paniermehl
1 Knoblauchzehe
6 EL geriebener Beaufort oder Tomme d'Abondance
4 EL Crème fraîche
1 Prise Muskatnuss
Grobes und feines Salz, Pfeffer aus der Mühle

Einen Großteil des Lauchgrüns abschneiden. Die Stangen der Länge nach zweimal einschneiden und in lauwarmem Wasser gründlich waschen. Den Lauch in einem großen Topf 30–40 Minuten in Salzwasser kochen. Über einem Durchschlag abgießen, so viel Flüssigkeit wie möglich herauspressen und mit dem Messer grob hacken.

In einer Pfanne die Hälfte der Butter und das Erdnussöl erhitzen. Sobald die Mischung aufschäumt, das Paniermehl hineingeben und 30 Sekunden unter Rühren goldgelb anschwitzen. Von der Kochstelle ziehen.

Den Ofen auf 180 °C vorheizen.

Den Rand einer Auflaufform mit der halbierten Knoblauchzehe einreiben und die Form großzügig ausbuttern. Ein Drittel des Lauchs auf dem Boden der Form ausbreiten und mit 3 Esslöffeln Paniermehl und der gleichen Menge geriebenem Käse bestreuen. Pfeffern, eine weitere Schicht Lauch einfüllen und mit dem restlichen Paniermehl und Käse bestreuen. Mit dem verbliebenen Lauch abschließen. Auf der Oberfläche einige Butterflöckchen verteilen und den Lauch im Ofen 20 Minuten backen.

Die Crème fraîche mit dem Muskat würzen. Das Lauchgratin servieren und jedes Stück mit 1 Esslöffel Crème fraîche garnieren.

Wenn Sie Gruyère (Greyerzer) statt Beaufort verwenden, sollten Sie ihn für ein besseres Ergebnis mit geriebenem Parmesan mischen. Haben Sie keine Muskatreibe zur Hand, können Sie sich mit einem Sparschäler behelfen.

Rührei mit Mairitterlingen

mousserons en barbouillette

Ein paar selbst gesammelte Wiesenpilze, in einem Taschentuch verstaut, und einige frische Eier von Hennen, die sich durch ihr Gackern verraten haben, sind die ganze Jagdbeute, die man für dieses Gericht benötigt.

Für 4 Personen

Vorbereitung: 10 Minuten

Garzeit: 20 Minuten

8 Eier

300 g Mairitterlinge

10 Zweige Kerbel

4 EL weiche Butter

2 EL Crème fraîche

Salz, Pfeffer aus der Mühle

Den Kerbel abzupfen, waschen, abtropfen lassen und hacken. Die Pilze putzen und rasch in 2 Esslöffeln Butter sautieren. Nach dem Garen mit Salz und Pfeffer würzen.

Die Eier mit einer Gabel verschlagen, salzen und pfeffern. Eine Kasserolle mit reichlich Butter einstreichen, die Eiermasse hineingeben und im Wasserbad unter ständigem Rühren mit einem Holzspatel 10 Minuten garen.

Sobald das Ei etwas stärker zu stocken beginnt, die sautierten Pilze zugeben. Die Crème fraîche unterziehen, abschmecken und mit dem Kerbel bestreuen. Sofort servieren.

Sie können die Butter in der Nähe einer Hitzequelle weich werden lassen oder, wenn es schneller gehen soll, ein Drittel der Butter auf niedriger Stufe zerlassen und anschließend mit dem Rest mit einer Gabel vermengen. Bei ganz frischen Mairitterlingen genügt es, die erdigen Stielenden zu kappen. Weiteres Putzen ist nicht erforderlich.

Damit das Rührei perfekt gelingt, muss die Eiermasse möglichst langsam im Wasserbad gegart werden. Das kann durchaus bis zu 15 Minuten dauern. Stockt das Ei zu schnell, die Kasserolle sofort in kaltes Wasser tauchen und 1 weiteres Ei hineinschlagen. Sobald das Rührei auf den Punkt gegart ist, zieht man die Crème fraîche unter, um den Garprozess zu stoppen.

Crêpes mit Spinat und Speck

biguénée aux pousses d'épinard

Diese dünnen Pfannkuchen mit Speck sind universell. Nur der junge Spinat (oder Kohl) macht sie zu einer Spezialität der Vendée.

Für 4 Personen • Vorbereitung: 30 Minuten • Garzeit: 15 Minuten • Ruhezeit: 2 Stunden

200 g Mehl • 3 Eier • 400 ml Milch • 3 EL Butter • 300 g junger Spinat • 250 g geräucherter Bauchspeck • Erdnussöl • Essig • Salz, Pfeffer aus der Mühle

Für den Crêpeteig das Mehl, die Eier und 1 Prise Salz mit einem Holzspatel verrühren. Nach und nach die Milch zugießen und sämtliche Zutaten zu einem glatten Teig verarbeiten. Einen großen Esslöffel Butter aufschäumen und braun werden lassen. Unter den Teig rühren und den Teig bei Zimmertemperatur 2 Stunden ruhen lassen.

Den Spinat putzen, waschen und abtropfen lassen. Den Speck von der Schwarte befreien und in Würfel schneiden. Die Speckwürfel in etwas Erdnussöl 1 Minute Farbe annehmen lassen und anschließend unter den Crêpeteig ziehen. Das Bratfett zurückbehalten. Etwas Butter in der Pfanne zerlassen und die Crêpes nach und nach ausbacken.

Aus dem Essig, Erdnussöl, Salz und Pfeffer eine Vinaigrette zubereiten. Das zurückbehaltene Bratfett zugeben und den Spinat darin wenden. Die Crêpes auf Tellern anrichten und in der Mitte mit einem Häufchen Spinat garnieren.

Der Crêpeteig darf nicht zu flüssig werden. Zum Test eine Kelle in den Teig tauchen und anschließend mit dem Finger über den Kellenrücken fahren. Es sollte eine deutlich sichtbare Spur zurückbleiben.

Geschmorte Möhren mit Maronen

carottes aux marrons

Dieses Rezept beweist, dass die Kochkunst auch in der entlegensten Waldregion überleben kann, wenn man einige Möhren zur Hand und einen ausreichenden Vorrat an Maronen angelegt hat.

Für 4 Personen • Vorbereitung: 30 Minuten • Garzeit: 1 Stunde 15 Minuten

Für die Gemüsebrühe: 3 Möhren • 1 Lauchstange, nur das Weiße • 1 Knoblauchzehe • 1 Schalotte • 1 Bouquet garni • 150 ml trockener Weißwein

500 g Maronen • 500 g Möhren • 3 Schalotten • 1 Bouquet garni • 2 gehäufte EL Butter • 5 Stücke Würfelzucker • 1 EL Mehl • Salz, Pfeffer aus der Mühle

Zunächst die Gemüsebrühe zubereiten: Das geputzte, geschälte und in Scheiben geschnittene Gemüse mit dem Bouquet garni und dem Wein in eine Kasserolle geben. Mit 2 Liter Wasser auffüllen (auf keinen Fall würzen!) und zum Kochen bringen. Die Brühe 35 Minuten sanft kochen lassen, durch ein feines Sieb passieren und auf großer Flamme um die Hälfte einkochen.

Die frischen Maronen mit einem spitzen Messer rundherum einschneiden und 5 Minuten in kochendem Wasser blanchieren. Abtropfen lassen und die Außenschale abschälen. Die geschälten Maronen weitere 3 Minuten blanchieren, kurz abtropfen lassen und die dünne weiße Innenhaut abziehen.

Die Möhren schälen und in etwa 1 cm dicke Scheiben schneiden. Die Schalotten schälen und fein würfeln. Den Ofen auf 180 °C vorheizen.

In einem ofenfesten Schmortopf die Butter zerlassen. Sobald sie aufschäumt, die Schalotten, den Zucker, Salz und Pfeffer zugeben und unter Rühren anschwitzen, bis der Zucker leicht karamellisiert ist.

Die Möhren und das Bouquet garni zugeben und 5 Minuten unter Rühren mitschwitzen. Die Maronen hinzufügen, mit dem durchgesiebten Mehl bestäuben und 5 Minuten Farbe annehmen lassen. Dabei beständig wenden.

Mit 700 ml der Gemüsebrühe auffüllen und zugedeckt im Ofen 35 Minuten garen. (Falls nötig, zwischendurch noch etwas Brühe nachgießen.) Abschmecken und servieren.

Schneiden Sie die Maronen ruhig etwas tiefer ein, das erleichtert das Schälen. Zum Entfernen der dünnen Innenhaut müssen die Maronen schön heiß sein. Geben Sie daher immer nur kleine Portionen in das kochende Wasser.

Gratin nach Försterart

gratin à la forestière

Dieses Gratin aus den Erzeugnissen von Wald und Wiese hätte die Eltern von Hänsel und Gretel durchaus davon überzeugen können, ihre Kinder lieber nicht fortzuschicken.

Für 4 Personen • Vorbereitung: 30 Minuten • Garzeit: 45 Minuten

800 g Kartoffeln • 2 Knoblauchzehen • 1 l Vollmilch • 1 Zweig Thymian • 1 Lorbeerblatt • 600 g frische Steinpilze • 1 EL Olivenöl • 4 EL Crème fraîche • 1 EL Butter • 2 EL geriebener Gruyère (Greyerzer) • 1 EL geriebener Parmesan • Salz, Pfeffer aus der Mühle

Die Kartoffeln schälen und in Scheiben schneiden. Eine Knoblauchzehe schälen, halbieren und den Keim entfernen. Die Kartoffelscheiben in einer großen Kasserolle mit der Milch vermengen. Die Knoblauchzehe, den abgezupften Thymian, das Lorbeerblatt, Salz und Pfeffer zugeben, unter Rühren zum Kochen bringen und 20 Minuten auf kleiner Flamme garen.

Die erdigen Stielenden der Steinpilze kappen. Die Pilze mit einem feuchten Tuch abreiben und in Scheiben schneiden. Die zweite Knoblauchzehe schälen, entkeimen und hacken. Die Steinpilze im Olivenöl bei großer Hitze 2 Minuten sautieren. Im letzten Moment den Knoblauch zugeben, kurz durchschwenken und mit Salz und Pfeffer würzen.

Den Ofen auf 180 °C vorheizen.

Die Kartoffeln vorsichtig aus der Milch heben, das Lorbeerblatt entfernen. Die Flüssigkeit auf großer Flamme unter Rühren um zwei Drittel einkochen lassen. Die Crème fraîche einrühren und weitere 2 Minuten kochen lassen.

Eine Auflaufform großzügig ausbuttern und immer abwechselnd eine Schicht Kartoffeln und eine Schicht Steinpilze einlegen. Mit einer Schicht Kartoffeln abschließen. Mit einer Mischung aus Gruyère und Parmesan bestreuen und im Ofen 20–30 Minuten backen. Sofort servieren.

Die Kartoffeln sollten nach dem Garen noch Biss haben. Zur Probe während des Kochens regelmäßig mit einer Messerspitze einstechen.

In der Pilzsaison findet man auf dem Markt große Steinpilze zu einem relativ günstigen Preis. Sie sind ideal für ein Gratin! Wenn Sie getrocknete Steinpilze verwenden, achten Sie darauf, dass kein Pulver in der Verpackung vorhanden ist. Pulverreste sind ein Zeichen dafür, dass die Pilze schon recht alt sind oder wurmstichig waren.

Gefüllte Paprika mit Tomatensauce

poivrons farcis au fromage, sauce tomate

Wie die Tomate und die Kartoffel von auswärts kommend, machte die Paprikaschote in Europa zunächst als Kuriosum von sich reden, bevor sie sich als Gemüsebeilage etablierte und sich schließlich zum eigenständigen Gericht aufschwang.

Für 4 Personen • Vorbereitung: 15 Minuten • Garzeit: etwa 30 Minuten

4 Paprikaschoten (2 rote und 2 grüne oder gelbe) • 250 g Quark (abgetropft) • 1 gehäufter EL Mehl • 2 Eier • Etwa 50 ml Milch • 1 gehäufter EL Butter • 100 g geriebener Gruyère (Greyerzer) • Salz, Pfeffer aus der Mühle

Für die Tomatensauce: 800 g vollreife Tomaten • 1 Zwiebel • 1 Knoblauchzehe • 1 Zweig Thymian • 1 Lorbeerblatt • Olivenöl • 1 EL Tomatenmark

Die Paprika waschen, Stielansätze abschneiden. Die Schoten quer halbieren, Samen und weiße Rippen entfernen. In einer Schüssel den Quark, das Mehl und die Eier mit einer Gabel vermengen. Nach und nach etwas Milch zugießen und verschlagen, bis die Masse die Konsistenz einer dicken Béchamel hat. Salzen und pfeffern.

Den Ofen auf 180 °C vorheizen. Die Paprikaschoten mit der Quarkmischung füllen und in eine großzügig gebutterte Auflaufform setzen. Im Ofen 30 Minuten backen.

Die Tomaten von den Stielansätzen befreien, waschen und in Stücke schneiden. Die Zwiebel und den Knoblauch schälen und fein hacken. In einer Kasserolle die Tomaten, die Zwiebel, den Knoblauch, Lorbeer, den abgezupften Thymian, Salz, Pfeffer und einen Schuss Olivenöl vermengen und 20 Minuten auf kleiner Flamme zu einem dicken Püree zerkochen lassen. Das Tomatenmark unterrühren und abschmecken.

Die Paprikaschoten kurz vor Ende der Garzeit mit dem geriebenen Gruyère bestreuen und 3 Minuten unter dem Backofengrill gratinieren. Mit der Tomatensauce servieren.

Sind die Tomaten nicht richtig reif und vollaromatisch, sollten Sie bei frischer Tomatensauce immer mit etwas Tomatenmark nachhelfen. Gehen Sie aber sparsam mit der Konserve um, da ihr kräftiges Aroma den Geschmack der frischen Tomaten rasch übertönt.

Quarkcreme mit Frühlingszwiebeln auf geröstetem Bauernbrot *daussade au fromage blanc*

Die Bauern wussten schon immer, wie man aus einer einfachen Materie wie dickgelegter Milch köstliche Produkte gewinnt. Im Burgund nennt man die folgende Zubereitung *claque-bitou*.

Für 4 Personen • Zubereitung: 5 Minuten

4 EL Quark • 3 EL Crème fraîche • 3 Frühlingszwiebeln • 1/2 Kopfsalatherz • 1 EL guter Weinessig (nach Belieben mehr) • 1 Bauernbrot • Grobes Salz, Salz und Pfeffer aus der Mühle

In einer Schüssel den Quark mit der Crème fraîche verrühren und mit feinem Salz und Pfeffer würzen. Die Frühlingszwiebeln sowie das halbe Kopfsalatherz waschen und abtropfen lassen. Die Frühlingszwiebeln mit einem Teil ihres Grüns und den Salat fein hacken. Unter die Quarkcreme mengen, den Essig zugeben und alles vorsichtig durchheben. Abschmecken.

Das Bauernbrot in Scheiben schneiden und rösten. Mit der Quarkcreme bestreichen und mit grobem Salz und einem Hauch Pfeffer aus der Mühle würzen.

Sie können das Salatherz auch durch frische, fein gehackte Kräuter und die Frühlingszwiebel durch graue Schalotten (grise de bagnolet) *ersetzen.*

Kartoffelauflauf mit Reblochon

farcachi de tartifle au reblochon (tartiflette)

Nach einem Ausflug ins Aravis-Massiv sollte man eine *tartiflette* nicht verschmähen. Überbacken mit Reblochon, dem Stolz eines jeden Bergbauern, ist sie ein typisches Gericht der Savoie.

Für 4 Personen
Vorbereitung: 25 Minuten
Garzeit: etwa 40 Minuten

800 g Kartoffeln
1 Zwiebel
150 g Butter
200 ml trockener Weißwein (vorzugsweise Apremont)
200 g geräucherter Bauchspeck
100 ml Sahne
1 Reblochon
Salz, Pfeffer aus der Mühle

Die Kartoffeln gründlich waschen, in einer Kasserolle mit kaltem, leicht gesalzenem Wasser bedecken, zum Kochen bringen und 25 Minuten garen.

Die Zwiebel schälen und fein würfeln. In einem walnussgroßen Stück Butter 3 Minuten glasig schwitzen, den Wein zugießen und einkochen lassen, bis nur noch 2 Esslöffel geschmolzene Zwiebeln übrig sind.

Den Speck von der Schwarte befreien, in Würfel schneiden und in einer beschichteten Pfanne 2 Minuten anschwitzen.

Den Ofen auf 210 °C vorheizen.

Die Kartoffeln pellen und in etwa 1 cm dicke Scheiben schneiden. In einer ofenfesten Pfanne in der restlichen Butter braten. Den Speck und die geschmolzenen Zwiebeln zugeben. Abkühlen lassen und anschließend die Sahne unterziehen.

Die Rinde des Reblochon oberflächlich abschaben. Den Käse horizontal in 2 Scheiben schneiden und mit der Außenseite nach unten auf die Kartoffeln legen. Mit einem Stück Alufolie bedecken und im Ofen 10 Minuten backen.

Die Pfanne aus dem Ofen nehmen, die Alufolie entfernen und die Kartoffel-Käse-Mischung mit einer Gabel vorsichtig vermengen und abschmecken. Die Reblochon-Kartoffeln in eine Auflaufform füllen und unter dem Backofengrill 5 Minuten gratinieren.

Wenn Sie keine Pfanne mit hitzebeständigem Stiel haben, umwickeln Sie den Stiel einfach mit mehreren Lagen Alufolie, so ist er im Ofen vor der Hitze geschützt. Um den Reblochon in regelmäßige, gleich dicke Scheiben zu schneiden, legen Sie an jeder Seite eine kleine Leiste von der halben Höhe des Käses an, die Sie als Führungsschiene für die Messerklinge verwenden. Auf die Weise lässt sich auch ein Biskuit in mehrere Böden zerteilen.

Frittierte Eier mit Tomatensauce

œufs frits, sauce tomate

Frittierte Eier waren früher einmal sehr beliebt. Heute gelten sie als zu trocken. Dabei ist es die Bestimmung eines frittierten Eis, sich wie hier mit einer Sauce zu einer köstlichen Verbindung zu vermählen.

Für 4 Personen

Vorbereitung: 15 Minuten

Garzeit: etwa 25 Minuten

8 Eier

200 ml Erdnussöl (oder ein anderes Frittieröl)

Für die Tomatensauce:

1 Bund Basilikum

800 g vollreife Tomaten

1 Zwiebel

1 Knoblauchzehe

1 Zweig Thymian

1 Lorbeerblatt

1 EL Tomatenmark

Salz, Pfeffer aus der Mühle

Etwa 20 Basilikumblätter abzupfen, waschen, abtropfen lassen und in feine Streifen schneiden. Die Tomaten waschen, Stielansätze entfernen und in Stücke schneiden. Die Zwiebel schälen und fein würfeln; den Knoblauch schälen, längs halbieren und fein hacken.

Die Tomaten, Zwiebeln und den Knoblauch in einer Kasserolle vermengen, den Thymian, das Lorbeerblatt und das Tomatenmark zugeben, salzen und pfeffern. Die Mischung zum Kochen bringen und zugedeckt etwa 15 Minuten unter gelegentlichem Rühren köcheln lassen. Den Deckel abnehmen und die Sauce unter Rühren 5 Minuten auf großer Flamme eindicken lassen.

Den Thymian und das Lorbeerblatt herausnehmen und die Sauce durch ein Sieb streichen. Zurück in die Kasserolle geben und abschmecken.

Die Eier nacheinander in das heiße Öl schlagen (verwenden Sie am besten eine Fritteuse oder, wenn Sie keine besitzen, einen Fonduetopf) und 2 Minuten unter beständigem Wenden goldgelb frittieren. Die frittierten Eier auf Küchenpapier abtropfen lassen.

Die Tomatensauce auf kleiner Flamme kurz wieder erhitzen. Die Eier mit der Tomatensauce überziehen, mit dem Basilikum garnieren und servieren.

Das Tomatenmark unterstreicht das Aroma der frischen Tomaten. Bei aromatischen Tomaten kann man das Tomatenmark auch weglassen. Ob man die Sauce durch ein Sieb streicht, ist Geschmackssache. Manch einer legt wenig Wert auf Tomatenschalen. Allerdings geht das zulasten der Rustikalität. Um die Eier von allen Seiten gleichmäßig zu frittieren, muss man sie beständig im Öl wenden. Das geschieht am besten mit zwei Holzlöffeln (kein Metall, da die Eier daran haften bleiben), zwischen denen man das Ei wie ein „Sandwich" hält.

Käsefondue

fondue

Um dieses Gericht versammelt man sich seit jeher in geselliger Runde. Aber Vorsicht, bei einem zu lebhaften Tischgespräch riskiert man, die besten Bissen zu verpassen!

Für 4 Personen • Vorbereitung: 15 Minuten • Garzeit: 10 Minuten

200 g Beaufort • 200 g Emmentaler • 200 g Comté • 1 Knoblauchzehe • 400 ml Weißwein aus der Savoie (vorzugsweise Apremont) • 1 TL Kirschwasser oder guter Pflaumengeist • Pfeffer (nach Belieben)

Den Käse reiben. Die Knoblauchzehe schälen, halbieren und den Fonduetopf halbhoch damit einreiben. Das Gerät einschalten und auf die höchste Temperatur stellen.

Den Wein in den Fonduetopf gießen. Sobald er zu sieden beginnt, den geriebenen Käse hineingeben und etwa 10 Minuten unter ständigem Rühren schmelzen lassen, bis die Masse vollkommen glatt ist.

Die Käsemasse mit dem Kirsch oder dem Pflaumengeist parfümieren, nach Belieben mit Pfeffer würzen und separat mit Weißbrotwürfeln servieren. Die Temperatur während des Essens etwas herunterstellen.

Während der Käse schmilzt, mit einem Holzlöffel beständig „Achten“ auf dem Topfboden beschreiben, damit der Käse nicht anbrennt. Ist das Fondue zu flüssig, einfach noch etwas mehr geriebenen Käse zugeben; ist es zu dick, durch Zugießen von etwas heißem Weißwein auf die gewünschte Konsistenz bringen. Wenn das Fondue gerinnt, die Temperatur auf Maximum stellen und die Käsemasse kräftig durchschlagen sowie eventuell mit etwas in Wein aufgelöster Speisestärke binden.

Omelett mit Löwenzahnblüten

omelette aux boutons de pissenlit

Wenn die Saison der jungen, zarten Löwenzahnblätter vorüber ist, aber seine leuchtend gelben Blüten sich noch nicht in Pusteblumen verwandelt haben, ist Zeit für dieses Omelett.

Für 4 Personen

Vorbereitung: 10 Minuten

Garzeit: 10 Minuten

Einweichzeit: 12 Stunden

8 Eier
2 Hände voll Löwenzahnknospen
200 ml Milch
1 EL Crème fraîche
2 EL Butter
Salz, Pfeffer aus der Mühle

Am Vorabend die Löwenzahnknospen waschen, abtropfen lassen und über Nacht in der Milch im Kühlschrank einweichen.

Am folgenden Tag die Eier mit einer Gabel einige Sekunden verschlagen, die Crème fraîche unterschlagen und mit Salz und Pfeffer würzen. Die Löwenzahnknospen auf Küchenpapier abtropfen lassen. In einer Pfanne 1 Esslöffel Butter aufschäumen lassen und die Blüten zugedeckt darin 5 Minuten auf kleiner Flamme anschwitzen. Salzen und pfeffern.

Die restliche Butter in einer großen Pfanne zerlassen, die verschlagenen Eier hineingeben und garen. Sobald das Ei gestockt ist, die abgetropften Löwenzahnknospen darauf verteilen und das Omelett zusammenklappen. Sofort servieren.

Durch das Einweichen in Milch verlieren die Blütenknospen ihre Bitterkeit. Man kann das Omelett auch mit 100 g gewürfeltem Speck zubereiten oder mit einem Schuss Essig beträufelt servieren.

Spiegeleier mit Rillettes

œufs au plat aux rillettes

Zerlassene Rillettes sorgen bei diesem Rezept für das Fett. Rillette ist langsam gegartes, gut gewürztes Schweine- oder Gänsefleisch. Das gekochte Fleisch wird zerpflückt und in seinem eigenen Fett kalt eingelegt.

Für 4 Personen

Vorbereitung: 5 Minuten

Garzeit: 5 Minuten

8 ganz frische Eier

4 EL Gänse- oder Schweinerillettes

Salz, Pfeffer aus der Mühle

Die Rillettes in einer sehr heißen Pfanne auslassen. Die Eier hineinschlagen, salzen und pfeffern und sofort servieren.

Möchte man die Eier portionsweise anrichten, kann man sie auch in einzelnen feuerfesten Förmchen im Ofen zubereiten. Allerdings wird das Eigelb dabei durch die Hitze trübe. Um den Eidotter und das Eiweiß nicht zu „beschmutzen", wird Ersteres nur gepfeffert und Letzteres nur gesalzen.

Bratkartoffeln mit Reblochon

pela

Die *pela* ist eine Abwandlung der *tartiflette* (Rezept S. 70). Im Aravis bedeutet *pela* die Pfanne, in der sie dann ja auch zubereitet wird. Das Gericht ist auch als „Fricassée de Reblochon" bekannt.

Für 4 Personen • Vorbereitung: 15 Minuten • Garzeit: 20 Minuten

800 g Kartoffeln (vorzugsweise Charlotte) • 1 Zwiebel • 1 kleiner Reblochon (etwa 300 g) • 2 EL Erdnussöl • 50 g Butter • Salz, Pfeffer aus der Mühle

Den Ofen auf 200 °C vorheizen.

Die Zwiebel schälen und in Ringe schneiden. Die Rinde des Reblochon entfernen. Die Kartoffeln schälen und in dünne Scheiben schneiden.

Das Öl und die Butter in einer ofenfesten Sauteuse erhitzen, die Kartoffelscheiben hineingeben und mit Salz und Pfeffer würzen. Die Kartoffeln etwas Farbe annehmen lassen, die Zwiebelringe zugeben und unter behutsamem Wenden mit einem Spatel goldbraun braten.

Den Reblochon auf die Kartoffeln legen und im Ofen 5 Minuten überbacken, bis der schmelzende Käse die Kartoffeln überzieht und sich leicht goldgelb verfärbt. Mit etwas frisch gemahlenem Pfeffer bestreuen und sofort servieren.

Die Zugabe von Öl dient hier allein dem Zweck, die Butter nicht zu verbrennen. Eigentlich verwendet man für gebratene oder sautierte Kartoffeln geklärte Butter. Dazu mindestens 250 g Butter im heißen Wasserbad zerlassen und den Schaum abschöpfen. Das klare Butterfett mit einer Kelle vorsichtig abnehmen, sodass nur der milchige Bodensatz zurückbleibt. Da sich geklärte Butter im Kühlschrank recht lange hält, kann man je nach Bedarf gleich größere Mengen herstellen. Früher bewahrte man die Butter in einem Steintopf auf.

Kalter Eierkuchen

gâteau d'omelettes froides

Dieser Eierkuchen ist ein ideales Sommergericht, das sich mit allen möglichen Gemüsesorten variieren lässt. Es empfiehlt sich, ihn für mehr als vier Personen zuzubereiten.

Für 8 Personen • Vorbereitung: 30 Minuten • Garzeit: 30 Minuten • Kühlzeit: 12 Stunden

18 Eier • 200 g Spinat oder Mangold • 100 g Auberginen • 100 g Zucchini • 200 g frisch gepalte Erbsen • 200 g rote und grüne Paprika • Verschiedene frische Kräuter • 200 g Zwiebeln • Olivenöl • 8 EL Butter • 1 Prise feiner Zucker • Grobes und feines Salz, Pfeffer aus der Mühle

Für die Tomatensauce: 1,5 kg vollreife Tomaten • 2 Zwiebeln • 1 Zweig Thymian • 1 Lorbeerblatt • 1 Prise feiner Zucker

Am Vortag die Tomaten waschen, von den Stielansätzen befreien und in Stücke schneiden. Die Zwiebel schälen und fein würfeln. Die Tomaten und Zwiebeln mit dem Thymian und dem Lorbeerblatt in einer Kasserolle vermengen. Salzen und pfeffern, einen kräftigen Schuss Olivenöl und die Prise Zucker zugeben und zugedeckt auf kleiner Flamme etwa 20 Minuten garen.

Den Deckel abnehmen und die Sauce bei lebhafter Hitze unter Rühren eindicken lassen. Die Sauce abschmecken und durch ein Sieb streichen. Dabei das Fruchtmark mit einem Löffelrücken gut zerdrücken. (Ist die Sauce zu flüssig, bis zur gewünschten Konsistenz weiter reduzieren; ist sie zu dick, mit etwas Wasser oder einem Schuss Olivenöl verdünnen.)

Das Gemüse vorbereiten: Den geputzten Spinat oder Mangold einige Minuten in kochendem Salzwasser blanchieren. Gründlich abtropfen lassen, grob hacken und in der Pfanne in etwas Butter sautieren. Salzen und pfeffern. Die Auberginen und Zucchini waschen, in Würfel schneiden und in Butter oder Olivenöl sautieren. Dann salzen und pfeffern.

Die Kräuter abzupfen, waschen, abtropfen lassen und hacken. Sie sollten 2 Esslöffel gehackte Kräuter erhalten.

Die Erbsen in einem Fond aus Salzwasser, 1 Teelöffel Butter und etwas Zucker garen. Die Paprika unter dem Backofengrill rundherum grillen, bis sie vollständig schwarz sind. Die Haut abziehen und das Fruchtfleisch in Würfel schneiden. Die Zwiebeln schälen, fein würfeln und in etwas Butter goldgelb anschwitzen. Salzen und pfeffern.

Die Omeletts zubereiten: 3 Eier in eine Schüssel schlagen, salzen, pfeffern und mit einer Gabel kurz aufschlagen. Eine Sorte Gemüse zugeben und vermengen. In einer heißen Pfanne 1 Esslöffel Butter aufschäumen lassen, die verschlagenen Eier hineingeben und garen. Das fertige Omelett auf einen Teller gleiten lassen.

Auf diese Weise 5 weitere Omeletts mit je einer Gemüsesorte zubereiten und übereinander schichten. Den fertigen Eierkuchen mit Frischhaltefolie bedecken und über Nacht kalt stellen.

Am folgenden Tag den Eierkuchen in dicke Stücke schneiden und mit der Tomatensauce überzogen servieren.

Spielen Sie bei der „Montage" des Eierkuchens mit den Farben der Gemüse, sodass beim Anschneiden ein hübsches Muster zum Vorschein kommt. Ein Omelett mit schwarzen Oliven ergibt einen weiteren schönen Farbkontrast.

Ziegenkäse-Tarte

tarte au chèvre

Ohne große Umschweife verdeutlicht dieses Rezept, dass in Gegenden mit Ziegen auch Walnussbäume nicht weit entfernt sind.

Für 4 Personen • Vorbereitung: 20 Minuten • Garzeit: 35 Minuten • Ruhezeit: 30 Minuten

300 g Mürbeteig (Rezept S. 7) • 2 EL Mehl • 1 EL Butter • 2 Ziegenfrischkäse (250 g) • 3 Eier • 2 EL Crème fraîche • 150 g geräucherter Bauchspeck • Salz, Pfeffer aus der Mühle

Den Mürbeteig auf der bemehlten Arbeitsfläche ausrollen. Eine Tarteform von etwa 22 cm Durchmesser ausbuttern und mit Mehl bestäuben. Die Form mit dem ausgerollten Teig auskleiden, die Ränder „festonieren“ (mit einem Wellenmuster versehen) und 30 Minuten im Kühlschrank ruhen lassen.

Die Ziegenfrischkäse durch ein feines Sieb in eine Schüssel streichen. Mit einem elektrischen Handrührgerät zunächst die Eier, dann die Crème fraîche einarbeiten und die Masse nicht zu kräftig abschmecken. Den Ofen auf 210 °C vorheizen.

Den Speck in Würfel schneiden. Den Teigboden mit einer Gabel mehrmals einstechen. Die vorbereitete Käsemasse einfüllen und die Speckwürfel gleichmäßig darauf verteilen. Die Tarte im Ofen 25–35 Minuten backen.

Die Tarte lauwarm servieren. Einen Salat mit Walnussöl dazu reichen.

Damit die Butter den Rand der Tarteform mit einem gleichmäßigen Film überzieht, erhitzt man die Form 1 Minute im Ofen, bevor man sie einfettet.

Zum „Festonieren“ der Ränder drückt man den Teig zunächst mit dem angewinkelten Zeigefinger sorgfältig in die Ecken und an den gewellten Rand der Form. Dann rollt man mit dem Nudelholz über den Formrand, um den überlappenden Teig abzutrennen. Zuletzt begradigt man das Wellenmuster mit den Daumen.

Walnussöl wird leicht ranzig. Daher sollte man immer nur kleine Mengen kaufen und das Öl grundsätzlich im Kühlschrank aufbewahren. Da sein Aroma sehr kräftig ist, versetzt man es am besten mit etwas Erdnussöl.

Omelett mit wildem Spargel

omelette aux asperges sauvages

Glaubt man Rimbaud, der einst in den Ardennen wanderte, so steht die Vollendung des verschlagenen Eis zu einem Omelett am Anfang jeder Philosophie.

Für 4 Personen • Vorbereitung: 10 Minuten • Garzeit: 8 Minuten

8 Eier • 350 g Wildspargel (oder 300 g grüne Spargelspitzen) • 2 EL Crème fraîche • 2 EL Butter • Grobes und feines Salz, Pfeffer aus der Mühle

Den Spargel waschen und gegebenenfalls schälen. In Stücke schneiden und in einer großen Kasserolle in kochendem Salzwasser 5 Minuten blanchieren. Sofort unter fließendem Wasser kalt abschrecken und abtropfen lassen.

Die Eier und 1 großzügigen Esslöffel Crème fraîche mit einer Gabel verschlagen. Salzen und pfeffern. Die Butter in einer Pfanne erhitzen. Sobald sie zu schäumen beginnt, die Eiermasse hineingießen, 30 Sekunden stocken lassen und den blanchierten und abgetropften Spargel zugeben.

Zum Ende der Garzeit das Omelett mit der restlichen Crème fraîche überziehen, mit etwas Pfeffer aus der Mühle würzen, zusammenfalten und servieren.

Acht Eier sind das absolute Maximum für ein Omelett. Größere Mengen führen zu einem deutlich schlechteren Resultat.

Raclette „Maman Veyrat“

raclette de Maman Veyrat

Es ist gesellig und die Kinder lieben es: Raclette zählt zu den populärsten ländlichen Gerichten überhaupt. Ich mag es natürlich am allerliebsten, wenn meine Mutter es zubereitet.

Für 4 Personen
Vorbereitung: 30 Minuten
Garzeit: 1 Stunde 45 Minuten

1,4 kg Raclette
12 mittelgroße Kartoffeln
2 kg grobes Salz
1 großer Blattsalat
1 Schweinswurst
8 Scheiben roher Schinken (luftgetrocknet)
8 Scheiben roher Schinken (geräuchert)
Salz, Pfeffer aus der Mühle

Für die Vinaigrette:
1 EL Olivenöl
5 EL Erdnussöl
1 EL Weißweinessig
1 EL Rotweinessig
4 EL Gemüsebrühe (Instant)
1 unbehandelte Orange
1/2 Stück Würfelzucker

Den Ofen auf 210 °C vorheizen.

Die Kartoffeln waschen und abtrocknen. Eine große Auflaufform mit einer 4 cm dicken Schicht grobem Salz füllen. Die Kartoffeln auf das Salzbett legen und mit dem restlichen Salz vollständig bedecken. Im Ofen 1 Stunde 45 Minuten backen. Die Rinde des Raclette abschneiden und den Käse in etwa 40 Scheiben von 1 cm Dicke, 6 cm Länge und 5 cm Breite schneiden.

Eine Vinaigrette zubereiten: Das Öl mit dem Essig, der Gemüsebrühe und dem an der Orange abgeriebenen Zuckerstück verrühren und mit Salz und Pfeffer abschmecken.

Den Salat waschen, abtropfen lassen und in der Vinaigrette wenden.

Die Wurst in hauchdünne Scheiben schneiden. Jeweils 1 Scheibe Käse in die kleinen Raclette-Pfännchen einlegen und schmelzen lassen. Die Wurst, den Schinken, die Kartoffeln und den Salat dazu reichen.

In Salz gebackene Kartoffeln bewahren ihr ganzes Aroma. Das Salz können Sie für weitere Raclette-Runden wieder verwenden!
Wenn Sie einen Salat zubereiten, denken Sie immer an folgenden Sinnspruch: „Für einen Salat benötigt man vier Personen: einen Verschwender für das Öl, einen Geizhals für den Essig, einen Weisen für Salz und Pfeffer und einen Narren, um ihn zu wenden!“

Kalte tartiflette

tartiflette froide

Dieser sympathische kleine Imbiss der Savoyer war einst ein beliebter Proviant, mit dem man sich die langen Tage auf dem Feld versüßte.

Für 4 Personen
Vorbereitung: 15 Minuten
Garzeit: 35 Minuten

12 mittelgroße Kartoffeln (vorzugsweise Rattes)
1 kleine Zwiebel
50 g Butter
300 ml trockener Weißwein
150 g geräucherter Bauchspeck
100 ml Sahne
1 Reblochon
Salz, Pfeffer aus der Mühle

Die Kartoffeln unter fließend kaltem Wasser abbürsten und etwa 20 Minuten kochen. Die Zwiebel schälen, in feine Streifen schneiden und 3 Minuten in etwas Butter glasig schwitzen. Salzen, pfeffern und mit dem Wein ablöschen. Die Mischung auf großer Flamme auf eine sirupartige Konsistenz einkochen.

Den Speck von der Schwarte befreien und in Streifen schneiden. Die Speckstreifen in einer Kasserolle mit kaltem Wasser bedecken, zum Kochen bringen und sofort in einem Durchschlag unter fließendem Wasser kalt abschrecken. Abtropfen lassen. Eine beschichtete Pfanne sehr heiß werden lassen und den Speck darin 1 Minute fettlos bräunen. Den Ofen auf 180 °C vorheizen.

Die Kartoffeln schälen und in Würfel schneiden. Mit der Zwiebelmischung, dem Speck und der Sahne vermengen und abschmecken. Die Mischung in eine gebutterte ofenfeste Form füllen.

Die Rinde des Reblochon abschneiden und den Käse horizontal in zwei gleich dicke Scheiben schneiden. Die Kartoffelmischung mit den Käsescheiben bedecken und im Ofen 10 Minuten backen. Vor dem Servieren abkühlen lassen.

Bewahren Sie die Speckschwarte als Würzmittel für ein Linsengericht oder eine daube *(einen Schmorbraten) auf.*

Gebackener Reblochon

reblochon au four

Den besten Reblochon de Savoie bekommt man vor Ort, aber die Exemplare aus deutschen Fachgeschäften sind auch nicht zu verachten. Der reife Käse entwickelt im Ofen sein typisches Haselnussaroma.

Für 4 Personen • Vorbereitung: 5 Minuten • Garzeit: 10 Minuten • Ruhezeit: 2 Stunden

1 großer Reblochon (450–500 g) • 1 Bauernbrot • Pfeffer aus der Mühle

- Die obere Rinde des Reblochon abschneiden und den Käse bei Zimmertemperatur 2 Stunden ruhen lassen.
- Das Brot in schöne Scheiben schneiden und rösten. Den Käse 10 Minuten unter den Backofengrill schieben.
- Den Reblochon im Ganzen mit dem gerösteten Bauernbrot servieren.

Würzen Sie die geschmolzene Käsemasse kurz vor dem Servieren mit etwas frisch gemahlenem Pfeffer, um das volle Aroma des Reblochon zu unterstreichen.

Sardinen mit grobem Salz

sardines au gros sel

Dies ist sicher die schlichteste Art, Sardinen zuzubereiten, doch sie verlangt nach absolut frischem Fisch, wie es ihn nur auf dem Meer oder an der Küste direkt vom Kutter gibt. Nutzen Sie die Gelegenheit, wenn Sie in den Sommermonaten am Mittelmeer Urlaub machen!

Für 4 Personen • Zubereitung: 15 Minuten

16 Sardinen • 1 Bauernbrot • Gesalzene Butter • Grobes Salz

Die Sardinen entschuppen und die Filets auslösen. Unter fließendem Wasser gründlich waschen und mit Küchenpapier trockentupfen.

Das Brot in Scheiben schneiden und rösten. Großzügig mit Butter bestreichen, mit den Sardinenfilets belegen und mit grobem Salz bestreut servieren.

Zum Filetieren der Sardinen den Kopf entfernen. Am Kopfende einen Finger in die Bauchhöhle einführen und die Eingeweide herauslösen. Den Fisch auseinander klappen und die Mittelgräte vom Kopfende an mit den Fingern von den Filets lösen. Den Schwanz samt Mittelgräte mit einem Messer abtrennen.

Kabeljau mit weißen Bohnen

morue fraîche aux haricots blancs

Kabeljau, ob frisch oder getrocknet als Stockfisch, ist ein traditionelles Fastengericht. Weiße Bohnen werden in den romanischen Sprachen und Dialekten von der Loire bis zum Gibraltar „kleine Mönche" genannt.

Für 4 Personen • Vorbereitung: 25 Minuten • Garzeit: etwa 1 Stunde 30 Minuten • Marinierzeit: 2 Stunden

750 g Kabeljaufilet • Grobes Salz • 500 g weiße Bohnen • 2 Zwiebeln • 2 Knoblauchzehen • 1 Zweig Thymian • 1 Lorbeerblatt • 1 Bund Petersilie • 2 Tomaten • 3 EL Butter • Olivenöl • Salz, Pfeffer aus der Mühle

Das Kabeljaufilet mit dem groben Salz einreiben und 2 Stunden in Frischhaltefolie gewickelt kalt stellen. Gleichzeitig die weißen Bohnen einweichen.

Die Zwiebeln und den Knoblauch schälen und fein würfeln. Die Bohnen in einer Kasserolle mit reichlich Wasser bedecken und langsam zum Kochen bringen. Die Zwiebeln, den Knoblauch, den Thymian und das Lorbeerblatt zugeben und zugedeckt etwa 1 Stunde auf kleiner Flamme garen. Nach der Hälfte der Garzeit salzen.

Die abgezupfte Petersilie waschen, gründlich abtropfen lassen und hacken. Das Kabeljaufilet unter kaltem Wasser abspülen und mit Küchenpapier trockentupfen. Die Tomaten in kochendem Wasser 15 Sekunden blanchieren, häuten und in zwei Hälften schneiden. Die Samen und den Saft herauspressen, das Fruchtfleisch grob hacken.

Die weißen Bohnen mit einem Schaumlöffel aus dem Topf heben, die Kräuter entfernen. Die Garflüssigkeit auf großer Flamme einkochen lassen, bis nur noch einige Esslöffel Flüssigkeit von sirupartiger Konsistenz übrig sind. Die Bohnen zurück in den Topf geben und abseits der Kochstelle vorsichtig die Butter untermengen. Die Bohnen abschmecken und warm stellen.

Das Fischfilet in größere Würfel schneiden und in einer Salatschüssel mit einem Schuss Olivenöl vermengen.

Eine beschichtete Pfanne heiß werden lassen. Die Kabeljaustücke einlegen und etwa 2 Minuten braten. Auf den weißen Bohnen anrichten, mit der gehackten Petersilie und den Tomatenwürfeln garnieren und sofort servieren.

Das Einsalzen und Kühlen des Kabeljaufilets ist ein Trick, um sein Aroma zu betonen und das Fleisch fester zu machen.

Forelle im Kohlmantel

truite en feuille de chou

In der Auvergne ist der Kohl für die Forelle das, was die Alge in der Bretagne für den Atlantikfisch ist. Die mit Abstand beste Methode, einen Fisch *en papillote* – in einer Hülle – zu garen, ist, ihn in einen Gemüsemantel zu wickeln.

Für 4 Personen • Vorbereitung: 30 Minuten • Garzeit: etwa 25 Minuten

4 Forellen, vom Fischhändler küchenfertig vorbereitet • 1 Wirsingkohl • 3 Schalotten • 2 EL Butter • 500 ml trockener Weißwein • Saft von 1 Zitrone • 200 ml Sahne • Grobes und feines Salz, Pfeffer aus der Mühle

Den Strunk des Kohls herausschneiden, 8 schöne Blätter ablösen und beiseite legen. Den Kohl halbieren, eine Hälfte zunächst in Stücke, dann in feine Streifen schneiden. (Die andere Hälfte anderweitig verwenden.)

Die ganzen Kohlblätter in einer großen Kasserolle in kochendem Salzwasser 5 Minuten blanchieren. Kalt abschrecken und zum Abtropfen auf Küchenpapier ausbreiten. Die Kohlstreifen ebenfalls 5 Minuten blanchieren, kalt abschrecken und abtropfen lassen.

Eine Forelle nach der anderen für jeweils 5 Sekunden in das kochende Wasser tauchen und anschließend sofort die Haut abziehen.

Den Ofen auf 180 °C vorheizen.

Die Schalotten schälen und fein würfeln. Die Forellen von innen und außen mit Salz und Pfeffer würzen und etwas buttern. Die Bauchhöhle mit einem Teil der gut abgetropften Kohlstreifen füllen. Die dicken Blattrippen der Kohlblätter mit der Messerspitze herausschneiden und die Forellen in jeweils 2 Kohlblätter einschlagen.

Eine große ofenfeste Form ausbuttern und die gewürfelten Schalotten darin verteilen. Die umhüllten Forellen einlegen und die restlichen Kohlstreifen in der Form verteilen. Den Weißwein zugießen, salzen, pfeffern und mit dem Zitronensaft beträufeln. Im Ofen etwa 10 Minuten garen.

Die Form aus dem Ofen nehmen und die Garflüssigkeit in eine Kasserolle gießen. Die Forellen mit Alufolie bedecken und in dem ausgestellten, halb offenen Ofen warm stellen. Die Garflüssigkeit auf großer Flamme um ein Drittel reduzieren, die Sahne einrühren und um ein weiteres Drittel einkochen lassen. Mit Salz und Pfeffer abschmecken. Die Forellen mit der Sauce überziehen und sofort servieren.

Alufolie hat eine matte und eine glänzende Seite. Es sollte immer nur die matte Seite mit dem Lebensmittel in Berührung kommen, niemals umgekehrt, da die glänzende Seite leicht oxidiert.

Zander mit sautierten Steinpilzen

sandre aux cèpes

Der Zander ist ein doppelter Platzhalter: Er ersetzt die selten gewordene Alse in den Flüssen und den Hecht auf dem Esstisch. Weißwein ist sein natürlicher Begleiter.

Für 4 Personen

Vorbereitung: 30 Minuten

Garzeit: etwa 20 Minuten

4 Zanderfilets (je etwa 150 g)
150 g geräucherter Bauchspeck
3 Schalotten
1/2 Bund Petersilie
800 g Steinpilze
1 gestrichener EL Butter
100 ml trockener Weißwein
300 ml Crème fraîche
1 Zitrone
2 EL Mehl
3 EL Olivenöl
Salz, Pfeffer aus der Mühle

Mit dem Finger leicht über die Zanderfilets streichen und eventuell verbliebene Gräten mit der Pinzette herausziehen. Den Speck von der Schwarte befreien und in sehr feine Würfel schneiden. Die Würfel in einem Topf mit kaltem Wasser bedecken, kurz aufkochen und abtropfen lassen.

Die Schalotten schälen und fein würfeln. Die abgezupfte Petersilie waschen, abtropfen lassen und hacken. Die Steinpilze putzen, die erdigen Stielenden abschneiden und die Pilze in Scheiben schneiden.

Die gewürfelten Schalotten in der Butter 3 Minuten unter Rühren anschwitzen, mit dem Wein ablöschen und bei großer Hitze fast vollständig einkochen lassen. Die Crème fraîche einrühren und auf die Hälfte reduzieren. Die Sauce salzen, pfeffern und je nach Geschmack mit etwas Zitronensaft abrunden.

Die Zanderfilets salzen, pfeffern und in dem Mehl wenden. In einer beschichteten Pfanne 2 Esslöffel Olivenöl erhitzen und die Filets von beiden Seiten 5 Minuten braten. Von der Kochstelle ziehen und zugedeckt nachgaren lassen.

In einer zweiten Pfanne die Steinpilze auf großer Flamme in etwas Olivenöl rasch sautieren. Salzen und pfeffern. Die Sauce sanft wieder erhitzen. Die Zanderfilets mit einigen sautierten Steinpilzen servieren. Die Sauce in einer Sauciere dazu reichen.

Wenn die Petersilie nicht vollständig trocken ist, verklumpt sie beim Hacken und lässt sich nicht mehr gleichmäßig zerkleinern. Am besten wickelt man sie in ein Küchentuch und wringt sie kräftig aus. Dies sollte aber erst unmittelbar vor der Verarbeitung geschehen, da Petersilie selbst im Kühlschrank sehr schnell austrocknet.

Kalmartorte

tielle

Diese äußerst ansehnliche Kalmartorte stammt ursprünglich aus Sète an der Mittelmeerküste. Ihr Vorzug ist, dass sie eine vollwertige Mahlzeit bildet.

Für 4 Personen • Vorbereitung: 40 Minuten • Garzeit: etwa 1 Stunde 40 Minuten • Ruhezeit: 30 Minuten

400 g Mürbeteig (Rezept S. 7) • 1 EL Mehl • 1 EL Butter • 1,5 kg Kalmare • 3 EL Olivenöl • 1 Zwiebel • 3 Knoblauchzehen • 4 vollreife Tomaten • 12 große schwarze Oliven • 1 Zweig Thymian • 1 Eigelb • Salz, Pfeffer aus der Mühle

Den Mürbeteig in zwei Hälften teilen und auf der bemehlten Arbeitsfläche zu Kreisen ausrollen. Mit einem Teigkreis eine etwa 22 cm große, gebutterte und mit Mehl bestäubte Form auskleiden. Den Boden mehrfach mit einer Gabel einstechen. Die Form und die andere Teigplatte 30 Minuten in den Kühlschrank stellen.

Die Kalmare säubern und zunächst in feine Streifen, dann in kleine Würfel schneiden. In 1 Esslöffel heißem Olivenöl bei lebhafter Hitze 10 Minuten anschwitzen, salzen und pfeffern. Die Kalmarwürfel herausnehmen und die Garflüssigkeit leicht eindicken lassen.

Die Zwiebeln und den Knoblauch schälen und fein würfeln. Die Tomaten von den Stielansätzen befreien und vierteln. Die Oliven entsteinen und grob hacken.

In einem Schmortopf 2 Esslöffel Olivenöl erhitzen. Die Zwiebeln und den Knoblauch hineingeben und unter Rühren 3 Minuten anschwitzen. Die Tomaten, das Kalmarfleisch, die Oliven und den abgezupften Thymian zugeben, salzen, pfeffern und 100 ml Wasser sowie die reduzierte Garflüssigkeit der Kalmare zugießen. Etwa 45 Minuten köcheln lassen, bis das Kalmarfleisch ganz zart ist. Falls nötig, zwischendurch etwas Wasser nachgießen. Abschmecken.

Den Ofen auf 180 °C vorheizen.

Die Kalmarmischung in die vorbereitete Form einfüllen. Den zweiten Teigkreis mit etwas Wasser benetzen und auf die Füllung legen. Die Teigränder sorgfältig versiegeln. Das Eigelb mit 2 Tropfen Wasser verschlagen und den Teig damit bestreichen. Die Torte im Ofen etwa 40 Minuten backen und heiß servieren.

Zum Säubern der Kalmare die Fangarme (Tentakel) mit Kopf und Eingeweiden aus dem Körperbeutel herausziehen. Die Fangarme in Stücke schneiden; den Kopf wegwerfen. Den Körperbeutel mit dem Messer der Länge nach halbieren, das transparente Fischbein entfernen und die milchigen Innereienreste unter fließendem Wasser abspülen. Die dunkle Haut, die den Beutel manchmal überzieht, mit einem Scheuerschwamm abreiben.

Der beim Garen der Kalmare austretende Saft verleiht dem Gericht sein unvergleichliches Aroma. Eine zusätzliche Note gewinnen die Kalmare, wenn man sie kurz vor Ende der Garzeit mit Cognac flambiert.

Makrelen-Rillettes

rillettes de macquereau

Zur großen Familie der *Scombridae* (Makrelenartige) gehört neben dem Thunfisch auch die Makrele, deren aromatisches Fleisch hier zerpflückt und zu Rillettes verarbeitet wird. Dazu passt ein einfacher, kräftiger Wein.

Für 4 Personen • Vorbereitung: 5 Minuten • Garzeit: 3 Minuten • Kühlzeit: 2 Stunden

4 große Makrelenfilets • Olivenöl • Weinessig • 2 EL Butter • Salz, Pfeffer aus der Mühle • 1 Bauernbrot

Die Makrelenfilets von eventuell verbliebenen Gräten befreien. Eine beschichtete Pfanne mithilfe eines Stücks Küchenpapier mit Olivenöl einreiben und erhitzen. Die Makrelenfilets einlegen und 3 Minuten braten; nach der Hälfte der Garzeit mit einem Spatel wenden. Mit einem Schuss Weinessig ablöschen.

Die Filets in ein Steingutgefäß geben, salzen, pfeffern, die Butter zugeben und alles mit einer Gabel zerdrücken. Die Makrelen-Rillettes abschmecken und vor dem Servieren 2 Stunden im Kühlschrank durchkühlen lassen.

Das Bauernbrot in Scheiben schneiden und rösten. Mit den Makrelen-Rillettes servieren.

Um wirklich grätenfreie Makrelenfilets zu erhalten, verfahren Sie am besten auf folgende Weise: Schneiden Sie an dem Streifen, auf dem die Mittelgräte verlief, das Filet über die ganze Länge hinweg v-förmig ein. Den Streifen herausziehen und mit dem Schwanz abschneiden. Den Filetsaum mit den darin verbliebenen kleinen Gräten ebenfalls abtrennen.

Hering in Öl mit Wacholderkartoffeln

harengs à l'huile, pommes de terre au genièvre

Der Hering hat die Jahrhunderte und die Nordsee durchquert. In Scheiben geschnittene Kartoffeln verhelfen ihm zu einer zweiten Jugend. Von Dünkirchen bis nach Friesland schätzt man besonders den Matjes – den jungfräulichen Hering – mit frischen Zwiebeln.

Für 4 Personen • Vorbereitung: 10 Minuten • Garzeit: etwa 25 Minuten

8 Heringsfilets in Öl • 800 g Kartoffeln (möglichst gleich große Exemplare) • 3 Schalotten • 14 Wacholderbeeren • 1 Zwiebel • 2 EL Weißweinessig • 6 EL Erdnussöl • Grobes und feines Salz, Pfeffer aus der Mühle

Die Kartoffeln unter fließend kaltem Wasser abbürsten und in kochendem Salzwasser (1 Esslöffel grobes Salz pro Liter) 25 Minuten kochen. Den Gargrad mit einer Messerspitze prüfen: Die Kartoffeln sollten noch Biss haben.

Die Schalotten schälen und fein würfeln, die Wacholderbeeren zerstoßen. Die Zwiebel schälen und in dünne Ringe schneiden. In einer Schüssel den Essig mit Salz, Pfeffer und den zerstoßenen Wacholderbeeren vermengen und unter ständigem Weiterrühren nach und nach das Öl zugießen. Die Vinaigrette abschmecken.

Die Kartoffeln abgießen, schälen und in Scheiben schneiden. Mit der Vinaigrette überziehen und mit den Heringsfilets und den Zwiebelringen garniert servieren.

Vorsicht bei alten Steingutgefäßen! Sie verströmen häufig einen ranzigen Geruch, der das darin gelagerte Lebensmittel beeinträchtigt.

Muschelspieße mit Speck

brochettes de moules au lard

Die fleischigen und sehr jodhaltigen Miesmuscheln aus dem Mittelmeer harmonieren wunderbar mit den Speckstreifen, die mit den Muscheln auf kleine Spieße gesteckt und über Holzkohle gegrillt werden.

Für 4 Personen • Vorbereitung: 30 Minuten • Garzeit: 10 Minuten

48 große Miesmuscheln • 150 g Butter • 1 Zweig Rosmarin • Saft von 1/2 Zitrone • 100 ml Weißwein • 2 Schalotten • 300 g geräucherter Bauchspeck • Salz, Pfeffer aus der Mühle

⁂ In einer Kasserolle die Butter mit einer großzügigen Prise des abgezupften und gehackten Rosmarins auf sehr kleiner Flamme zerlassen. Von der Kochstelle nehmen, salzen, pfeffern, den Zitronensaft zugießen und zugedeckt ziehen lassen.

⁂ Die Muscheln rasch unter fließend kaltem Wasser putzen und in einen Topf geben. Den Wein sowie die geschälten und gewürfelten Schalotten zugeben, mit Pfeffer würzen und zugedeckt etwa 4 Minuten garen oder so lange, bis sich die Muscheln geöffnet haben. Dabei den Topf immer wieder rütteln. Das Muschelfleisch aus den Schalen lösen.

⁂ Den Speck von der Schwarte befreien und in nicht zu dicke Streifen schneiden. Die Speckstreifen in einem Topf mit kaltem Wasser bedecken und zum Kochen bringen. Sofort kalt abschrecken und abtropfen lassen.

⁂ Die Muscheln und die blanchierten Speckstreifen immer abwechselnd auf vier Spieße stecken und unter dem Backofengrill oder auf dem Holzkohlegrill 5 Minuten grillen. Dabei regelmäßig mit etwas Rosmarinbutter überziehen. Die Spieße anrichten, mit der restlichen Rosmarinbutter nappieren und servieren.

⁂ *Die Muscheln sollten nicht im Wasser liegen, da sie sich sonst einen Spalt öffnen. Offene Muscheln vor der Zubereitung aussortieren. Zum Entfernen der Byssusfäden – den fest zwischen den Schalen sitzenden Bärten – die Fäden greifen und mit einem kräftigen Ruck zur abgerundeten Seite, nicht zum spitzen Ende der Muschel hin herausziehen. Schöne, gleichmäßig gewachsene Rosmarinzweige machen sich noch besser als Spieße.*

Klippfisch mit Lauch

morue aux poireaux

Der Kabeljau kam noch vor der Kartoffel aus Amerika nach Europa. Denn die Fischer aus der Normandie, der Bretagne, dem Saintonge und dem Baskenland überquerten den Nordatlantik, lange bevor die Neue Welt entdeckt wurde.

Für 4 Personen • Vorbereitung: 30 Minuten • Garzeit: etwa 40 Minuten • Einweichzeit: 48 Stunden

800 g Klippfisch (gesalzener und getrockneter Kabeljau) • 4 Stangen Lauch • 3 Schalotten • 500 ml Sahne • 1 große Prise Muskatnuss • 1 Prise Cayennepfeffer • 750 ml Milch • 1 Lorbeerblatt

Den Klippfisch zum Entsalzen 48 Stunden in einem großen Gefäß mit kaltem Wasser einweichen. Das Wasser regelmäßig wechseln.

Den Lauch putzen. Die Wurzelenden und zwei Drittel der grünen Blattspitzen abschneiden. Die Stangen zweimal bis fast zur Wurzel einschneiden und in lauwarmem Wasser gründlich waschen. Den Lauch in Stücke schneiden und im Dämpftopf etwa 10 Minuten dämpfen.

Die Schalotten schälen und fein würfeln. In einer Kasserolle die Sahne auf großer Flamme um ein Drittel einkochen lassen. Den gedämpften Lauch abtropfen lassen, hacken und unter die reduzierte Sahne mengen. Mit Muskatnuss und Cayennepfeffer würzen (auf keinen Fall salzen!).

Den gewässerten Klippfisch in eine Kasserolle legen und mit der Milch bedecken, das Lorbeerblatt einlegen und bei schwacher Hitze langsam zum Kochen bringen. Den Topf von der Kochstelle ziehen und den Fisch in der Milch 15 Minuten ziehen lassen. Den Ofen auf 180 °C vorheizen.

Die Hälfte der Lauchmischung in eine Auflaufform füllen. Den zerpflückten Klippfisch darauf verteilen und mit der restlichen Lauchmischung bedecken. Im Ofen 20 Minuten backen und mit Bratkartoffeln servieren.

Legen Sie den Klippfisch zum Wässern auf einen Dämpfeinsatz, damit er nicht in dem ausgeschwemmten Salz liegt. Die Milch mit dem Fisch sollte so langsam wie möglich zum Kochen gebracht werden: Je länger der Prozess dauert, desto mehr überschüssiges Salz gibt der Fisch ab.

Lachs in der Folie mit Melissenbutter

saumon en papillote au beurre de mélisse

Die Melisse, in deren Namen der Honig und die Biene anklingen (griechisch *melissóphyllon:* Bienenkraut), wird im Französischen auch *citronnelle* genannt. Ihr zitronenähnliches Aroma harmoniert aufs Feinste mit dem Geschmack des gedämpften Lachses.

Für 4 Personen • Vorbereitung: 30 Minuten • Garzeit: etwa 25 Minuten

1 Lachs (etwa 1,2 kg), ausgenommen und küchenfertig vorbereitet • 15 Zweige Melisse • 150 ml Gemüsebrühe (Instant) • 1 Schalotte • 150 ml trockener Weißwein • 150 ml Weißweinessig • Saft von 1/2 Zitrone • 200 g Butter • Salz, Pfeffer aus der Mühle

Den Ofen auf 240 °C vorheizen. Den Lachs gründlich waschen, trockentupfen und von innen salzen und pfeffern. Die Hälfte der Melisse in die vordere Bauchhöhle stecken. Den Lachs auf ein großes, doppelt gelegtes und mit Butter bestrichenes Stück Alufolie legen. Die Seiten leicht hochschlagen und den Fisch mit 4 Esslöffeln Gemüsebrühe übergießen. Die Folie über dem Lachs zusammenschlagen und sorgfältig verschließen. Im Ofen etwa 15 Minuten garen.

Die Schalotte schälen, fein würfeln und in etwas Butter 3 Minuten anschwitzen. Mit dem Wein und dem Weinessig ablöschen und die Flüssigkeit auf großer Flamme um ein Viertel einkochen lassen. Die restliche Gemüsebrühe und den Zitronensaft zugießen, zum Köcheln bringen und stückweise die eiskalte Butter unterschlagen.

Die restliche Melisse hacken und unter die Sauce rühren. Die Sauce in der Küchenmaschine pürieren und durch ein feines Sieb passieren. Abschmecken und warm stellen.

Den Lachs aus dem Ofen nehmen und vor dem Öffnen der Folie 5 Minuten ruhen lassen. Die Sauce in einer Sauciere separat dazu reichen.

Nehmen Sie zum Einwickeln des Fischs eine doppelte Lage extrastarke Alufolie, damit nicht durch etwaige Risse Dampf austreten kann. Zum Verschließen der Hülle den Foliensaum über dem Fisch mehrmals ineinander falten. Die Enden abflachen, die Ecken einschlagen und dann zweimal nach innen falten.

Damit die Alufolie nicht anhaftet, sollten Sie das Backblech, auf das Sie das Fischpaket legen, mit etwas Wasser benetzen.

Marinierter Lachs mit warmem Kartoffelsalat *saumon à l'huile et aux pommes de terre*

Der Atlantische Lachs war früher einmal so zahlreich und preiswert, dass man ihn zu jeder Gelegenheit auftischte. Selbst Landarbeiter sollen bei der Festsetzung ihrer Arbeitsverträge dafür gesorgt haben, dass sie ihn nicht mehr als einmal pro Woche vorgesetzt bekamen.

Für 4 Personen • Vorbereitung: 40 Minuten • Garzeit: 30 Minuten • Marinierzeit: 3 Tage

500 g Lachsfilet • 800 g grobes Salz • 6 gestrichene EL feiner Zucker • 1 TL zerstoßener Pfeffer • 1 Lauchstange (nur das Weiße verwenden) • 1 große Möhre • 2 Zwiebeln • 1 EL Pfefferkörner, zerstoßen • 4 Lorbeerblätter • 1 Gewürznelke • 400 ml Erdnussöl • 600 ml Olivenöl • 600 g Kartoffeln (vorzugsweise Rattes) • 50 ml trockener Weißwein • Grobes und feines Salz, Pfeffer aus der Mühle

Drei Tage im Voraus das grobe Salz, den feinen Zucker und den zerstoßenen Pfeffer sorgfältig vermengen; den Lachs von eventuell verbliebenen Gräten befreien und das Filet mit der Gabel mehrmals einstechen. Auf einer tiefen Platte eine Schicht der vorbereiteten Gewürzmischung ausbreiten. Das Filet darauf legen und mit dem Rest der Mischung zudecken. Mit Frischhaltefolie bedecken und den Lachs im Kühlschrank marinieren lassen.

Am Vortag das Lachsfilet gründlich abspülen, um sämtliche Gewürze zu entfernen, und in große Rechtecke schneiden. Den Lauch waschen, die Möhre und die Zwiebeln schälen und das Gemüse in dünne Scheiben schneiden. Die Hälfte der Scheiben in ein Einmachglas oder ein Steingutgefäß geben und die Lachsstücke darauf legen. Mit dem restlichen Gemüse bedecken und die Pfefferkörner, Lorbeerblätter und die Nelke zugeben. Das Erdnussöl und die gleiche Menge Olivenöl zugießen und mit Frischhaltefolie bedeckt kalt stellen.

Am folgenden Tag die Kartoffeln unter fließendem kaltem Wasser abbürsten und 20 Minuten in Salzwasser garen. Sie sollten noch etwas fest sein. Die noch heißen Kartoffeln schälen und in Scheiben schneiden. Die Kartoffelscheiben in einer Salatschüssel mit dem restlichen Olivenöl, dem Weißwein, Salz und Pfeffer würzen und behutsam durchheben. Mit dem eingelegten Lachs sofort servieren.

Damit der Pfeffer beim Zerstoßen nicht in alle Himmelsrichtungen davonspringt, geben Sie die Körner am besten in einen mittelgroßen Topf und zerdrücken sie dann mit dem Boden eines kleineren Topfes.
Wenn Sie den Lachs besonders würzig mögen, lassen Sie ihn weitere 24 Stunden in der Gewürzmischung marinieren. Anschließend unter fließend kaltem Wasser gründlich abspülen und 6 Stunden in kaltem Wasser einweichen. Das Filet sorgfältig abtrocknen und unbedeckt weitere 24 Stunden in den Kühlschrank stellen.

Kohlwickel mit Kaninchen und Salbei

boulets de lapin à la sauge

Seit jeher hat das Kaninchen den Ruf eines Witzboldes. Dieses Gericht verschafft ihm einen Auftritt in einer echten Farce. Je nach Region heißen die „Bouletten" übrigens auch *bouniols* oder *buñuels*.

Für 4 Personen • Vorbereitung: 35 Minuten • Garzeit: etwa 1 Stunde • Ruhezeit: 12 Stunden

4 Kaninchenkeulen • 3 EL Butter • Erdnussöl • 3 Schalotten • 1 Bouquet garni • 300 ml Weißwein • 1 Würfel Geflügelbrühe • 8 Salbeiblätter • 4 schöne Wirsingblätter • Salz und Pfeffer

Den Ofen auf 180 °C vorheizen.

Die Kaninchenkeulen salzen, pfeffern und in einem Schmortopf mit 1 großen Esslöffel Butter und 1 Schuss Erdnussöl 3 Minuten anbraten. Sobald das Fleisch Farbe angenommen hat, wieder herausnehmen.

Das Fett weggießen. Die Schalotten schälen, fein würfeln und mit dem Bouquet garni 3 Minuten in 1 weiteren Esslöffel Butter anschwitzen.

Die Kaninchenkeulen wieder einlegen und den Wein sowie die in 200 ml heißem Wasser aufgelöste Brühe zugießen. Die Salbeiblätter zugeben und zugedeckt im Ofen etwa 25 Minuten garen.

Die Keulen aus dem Schmortopf nehmen und die Salbeiblätter entfernen. Die Garflüssigkeit auf großer Flamme um zwei Drittel einkochen und abschmecken. Die Keulen auslösen und das Fleisch in den reduzierten Jus geben. Zugedeckt über Nacht kalt stellen.

Am folgenden Tag eine große Kasserolle mit gesalzenem Wasser zum Kochen bringen. Die Kohlblätter hineingeben, das Wasser wieder aufwallen lassen und 8 Minuten blanchieren. Die Blätter sofort unter fließendem Wasser kalt abschrecken und mit Küchenpapier trockentupfen.

Den Ofen auf 210 °C vorheizen. Das mit dem Jus durchtränkte Kaninchenfleisch in die Kohlblätter wickeln und in eine gut ausgebutterte Auflaufform setzen. Im Ofen 10 Minuten erhitzen und sofort servieren.

Dieses Rezept lässt sich genauso gut mit Kaninchenrücken zubereiten, das Resultat wird allerdings etwas trockener als mit Keulen.
Sind die Blattrippen der Kohlblätter sehr dick, ist es ratsam, sie durch einen v-förmigen Schnitt zu entfernen. Dies sollte aber erst nach dem Blanchieren und Abtropfen der Blätter geschehen.
Die Bällchen schmecken kalt genauso gut wie warm. In Frischhaltefolie gewickelt sind sie auch für ein Picknick ideal.

Kaninchenkeulen in Cidre

cuisses de lapin au cidre

Wie Schwein und Kalb eignet sich auch das Fleisch des Hauskaninchens sehr gut für süß-salzige Verbindungen – ein Grund mehr, es in Cidre zu schmoren.

Für 4 Personen • Vorbereitung: 25 Minuten • Garzeit: etwa 20 Minuten

4 Kaninchenkeulen • 2 EL Olivenöl • 3–4 EL Cidreessig • 500 ml trockener Cidre • 1/2 Würfel Geflügelbrühe • 3 Zwiebeln • 1 mittelgroßer Apfel (einer säuerlichen Sorte) • 2 EL Butter • Salz, Pfeffer aus der Mühle

Die Kaninchenkeulen salzen und in einem Schmortopf in dem heißen Olivenöl 3 Minuten von allen Seiten braun anbraten. Abseits der Kochstelle mit dem Essig ablöschen, den Cidre zugießen und den zerkrümelten Brühwürfel einrühren. Zugedeckt bei milder Hitze etwa 20 Minuten garen.

Die Zwiebeln und den Apfel schälen und fein schneiden. In einer Kasserolle mit der Butter vermengen, salzen, pfeffern und zugedeckt 20 Minuten auf kleiner Flamme unter gelegentlichem Rühren schmoren.

Die Kaninchenkeulen aus dem Topf nehmen und die Cidresauce bei lebhafter Hitze auf eine sirupartige Konsistenz einkochen lassen. Mit Salz, Pfeffer und Cidreessig abschmecken. Die Keulen in der Sauce wieder erwärmen.

Auf jedem Teller einen großen Löffel des Zwiebel-Apfel-Kompotts verteilen, die Kaninchenkeulen darauf anrichten und mit der Cidresauce überziehen. Mit Reis servieren.

Da der Cidre sehr schnell verkocht, gießen Sie während des Garens ruhig davon nach, damit die Kaninchenkeulen stets mit Flüssigkeit bedeckt sind.
Wenn Sie eine größere Rezeptmenge zubereiten, rechnen Sie für das Kompott ein Verhältnis von drei Teilen Zwiebeln zu einem Teil Äpfel.

Huhn mit grüner Sauce

poule sauce verte

Dieses Rezept aus der Gascogne gereicht dem Land der Musketiere zur Ehre. Sie hätten es vermutlich gerne dem Wirt Bonacieux beigebracht, wenn nicht die Reize seiner Frau und die Ehre der Königin ihre ganze Zeit in Anspruch genommen hätten.

Für 4 Personen • Vorbereitung: 1 Stunde 30 Minuten • Garzeit: etwa 2 Stunden 30 Minuten

1 Huhn von etwa 2 kg

Für die Brühe: 3 Möhren • 2 weiße Rüben • 2 Knoblauchzehen • 2 Zwiebeln • 2 Gewürznelken • 1 Stange Lauch • 1 Stange Bleichsellerie • 1/2 Bund glatte Petersilie • 6 Pfefferkörner • 1 Bouquet garni • 100 ml Branntweinessig

Für Füllung, Gemüse und Vinaigrette: 250 g Spinat • 2 Zwiebeln • 1 EL Gänseschmalz • 2 Geflügellebern • 100 g geräucherter Speck • 250 g Kalbsschulter • 1 Bund Kerbel • 1/2 Bund glatte Petersilie • 1 Bund Schnittlauch • 200 g Weißbrot ohne Rinde • 200 ml Milch • 2 Eier • 2 kg frische Erbsen • 2 Kopfsalate • 1 Bund Silberzwiebeln • 1 EL Butter • 1 Prise feiner Zucker • 1 Prise Muskatnuss • Weinessig • Öl • Grobes und feines Salz, Pfeffer aus der Mühle

Die Brühe zubereiten: die Möhren, weißen Rüben, Knoblauchzehen und Zwiebeln schälen. Die Zwiebeln mit je einer Nelke spicken. Das Lauchgrün waschen. Das Gemüse mit dem Sellerie und etwa 10 Petersilienzweigen in einen Schmortopf geben. 2 Liter Wasser zugießen und mit grobem Salz (1 Esslöffel pro Liter) würzen. Die Pfefferkörner, das Bouquet garni und den Branntweinessig zugeben. Langsam zum Kochen bringen und etwa 30 Minuten köcheln lassen. Die Gemüsebrühe durch ein feines Sieb passieren.

Die Füllung zubereiten: den Spinat putzen, waschen und hacken; die Zwiebeln schälen und würfeln. Zwiebeln und Spinat in dem heißen Gänseschmalz 5 Minuten anschwitzen und mit Salz und Pfeffer würzen. Die Geflügellebern putzen und mit dem Speck und dem Kalbfleisch fein hacken. Den Kerbel und die Petersilie abzupfen, waschen, abtropfen lassen und hacken; den Schnittlauch putzen und in Röllchen schneiden. Das Weißbrot in der Milch einweichen. Die Spinat-Zwiebel-Mischung in einer Schüssel mit dem eingeweichten Weißbrot, dem gehackten Fleisch und den Eiern vermengen. Mit Salz, Pfeffer und Muskatnuss würzen und je 1 Esslöffel jeder Kräutersorte untermengen.

Das Huhn von innen salzen, mit der vorbereiteten Farce füllen und grob zunähen. Das Huhn in die Gemüsebrühe legen, zum Kochen bringen, den sich absetzenden Schaum abschöpfen und 2 Stunden köcheln lassen.

Die Erbsen aus den Schoten lösen. Den Salat waschen und grob hacken. Die Silberzwiebeln schälen und je nach

Größe in Stücke schneiden oder ganz lassen. Das Gemüse in einen Schmortopf geben, salzen und pfeffern. Die Butter und den Zucker zugeben und zugedeckt bei milder Hitze etwa 20 Minuten dünsten. Abschmecken und warm stellen.

Aus Essig und Öl eine Vinaigrette zubereiten. Kurz vor dem Servieren einen Teil oder sämtliche gehackten Kräuter (Schnittlauch, Kerbel, Petersilie) unterrühren. Das Huhn auf eine Platte setzen und großzügig mit der Vinaigrette übergießen. Das Erbsengemüse um das Huhn herum verteilen und die restliche Vinaigrette in einer Sauciere dazu reichen.

Essig sorgt dafür, dass das Hühnerfleisch beim Garen schön weiß bleibt. Kräuter werden immer erst kurz vor dem Servieren unter die Vinaigrette gerührt, da sie sehr schnell zusammenfallen, besonders Schnittlauch.

Bei einer anderen Version dieses Rezeptes wird das Huhn mit dem Suppengemüse serviert. Dazu kocht man zunächst aus den in ein Gazetuch gewickelten Schalen von Möhren und Rüben die Gemüsebrühe und gart darin anschließend das Huhn. Nach der Hälfte der Garzeit gibt man das geputzte und zerkleinerte Gemüse zu.

Kaltes Gänse-Confit, Auberginenröllchen mit Knoblauchcreme

confit d'oie froid, roulades d'aubergine à la crème d'ail

Das für seine hohe Lebensqualität bekannte Departement Gers schreibt die ausgesprochen positive Gesundheitsbilanz seiner Bevölkerung diesem Gericht zu. Auf alle Fälle ist das gesättigte Gänsefett der Butter in der Pfanne überlegen.

Für 4 Personen • Vorbereitung: 35 Minuten • Garzeit: 35 Minuten

2 Gänse-Confit-Keulen *(confit d'oie)* oder 4 Enten-Confit-Keulen • 20 Knoblauchzehen • 100 ml Milch • 1 Bund krause Petersilie • 2 Auberginen • Olivenöl • Salz, Pfeffer aus der Mühle

Die Geflügelkeulen sanft erhitzen und das Fett gründlich abtropfen lassen. Die Haut abziehen und das Fleisch auslösen.

Die Knoblauchzehen schälen, halbieren und den Keim entfernen. In einer Kasserolle mit kaltem Wasser bedecken, zum Kochen bringen und von der Kochstelle ziehen. Das Wasser wechseln und den Vorgang dreimal wiederholen, um sämtliche Bitterstoffe zu entfernen. Die blanchierten Knoblauchzehen mit etwa 50 ml Milch pürieren, salzen und pfeffern. Nötigenfalls noch etwas Milch zugießen, um die Masse auf eine cremige Konsistenz zu bringen.

Die abgezupfte Petersilie waschen, gründlich trockentupfen und fein hacken. Die Auberginen waschen, Stielansätze entfernen und die Früchte in 12 Scheiben von 1/2 cm Dicke schneiden. Die Scheiben salzen und in Olivenöl frittieren. Auf Küchenpapier abtropfen lassen. Die Auberginenscheiben nochmals salzen und von einer Seite mit etwas Knoblauchcreme bestreichen. Mit etwas Petersilie bestreuen und zusammenrollen.

Den Ofen auf 180 °C vorheizen. Die Auberginenröllchen in eine Auflaufform legen und im Ofen 10 Minuten erhitzen. Das Gänse- oder Enten-Confit zerpflücken, in der Mitte der Teller aufhäufen und mit den Auberginenröllchen umgeben.

Ist die Knoblauchcreme zu dünnflüssig, kann man sie auf dem Herd etwas eindicken lassen. Ständiges Rühren mit einem Spatel beschleunigt den Prozess.
Traditionell werden die Auberginenscheiben mit grobem Salz entwässert, eine Technik, die gar nicht so einfach ist, wie man denkt. Salzt man sie zu stark, werden die Auberginen leicht bitter. Besser ist es, die (gesalzenen!) Scheiben direkt in Olivenöl zu frittieren. Man kann sie auch im Ofen auf einem Blech ausgebreitet und mit Olivenöl übergossen backen.

Hühnchen mit Reblochon und Wacholder

poulet au reblochon parfumé au genièvre

Der Reblochon hat seinen Namen von der bäuerlichen Praxis des Nachmelkens. Wollte man früher mit dem *reblocher* (eine Kuh noch einmal melken) dem Fiskus ein Schnippchen schlagen, ist das Nachmelken heute eine Bedingung der Reblochon-Produktion.

Für 4 Personen

Vorbereitung: 25 Minuten

Garzeit: etwa 1 Stunde 30 Minuten

1 Poularde von etwa 1,3 kg
8 Wacholderbeeren
Erdnussöl
1 EL Butter
100 ml Sahne
300 g Reblochon
1/2 Würfel Geflügelbrühe
Salz, Pfeffer aus der Mühle

Den Ofen auf 240 °C vorheizen. Die Bauchhöhle der Poularde salzen, pfeffern und 4 Wacholderbeeren hineinstecken. Die Poularde von außen mit dem Öl und der Butter einreiben und salzen. In eine ofenfeste Form setzen und 3 Esslöffel Wasser zugeben. Das Huhn im Ofen 10 Minuten braten; die Temperatur auf 220 °C herunterstellen und eine weitere Stunde und 20 Minuten garen.

Die Sahne mit 4 zerstoßenen Wacholderbeeren aufkochen und abseits der Kochstelle zugedeckt 15 Minuten ziehen lassen. Durch ein feines Sieb passieren.

Die Rinde des Reblochon abschneiden und den Käse würfeln. Den Brühwürfel mit einer Gabel in 100 ml heißem Wasser zerdrücken. Die Käsewürfel zugeben und die Masse in der Küchenmaschine pürieren. Die passierte Wacholdercreme zugießen und nochmals stoßweise pürieren.

Die Mischung in eine Kasserolle geben und auf ganz kleiner Flamme unter ständigem Rühren sanft wieder erhitzen (die Creme darf auf keinen Fall kochen!). Abschmecken.

Auf jedem Teller einen Saucenspiegel gießen, die tranchierte Poularde darauf anrichten und servieren. Dazu passt ein Kartoffelgratin.

Legen Sie das Huhn während des Bratens auf die Seite, zunächst auf den einen Schenkel, später auf den anderen, so bleibt die Brust schön saftig. Salzen Sie nur sehr sparsam, da die Instantbrühe bereits für Würze sorgt.

Enten-Confit mit Sauerampfer

confit de canard à l'oseille

Die Säure des Sauerampfers hat einen einzigen Nachteil: Sie verträgt sich nur schwer mit einem edlen Wein. Davon abgesehen ist Sauerampfer ein köstliches Kraut, das häufig als Kontrapunkt zu weißem Fleisch serviert wird.

Für 4 Personen

Vorbereitung: 20 Minuten

Garzeit: etwa 20 Minuten

4 Enten-Confit-Keulen

750 g Sauerampfer

1/4 Würfel Geflügelbrühe

Feines Salz, Pfeffer aus der Mühle

Die Confit-Keulen in einen Schmortopf geben und zugedeckt langsam erwärmen, um das Fett auszulassen.

Den Sauerampfer von den Stielen befreien und gründlich waschen. Mit den Händen gut ausdrücken. Den Brühwürfel mit einer Gabel in 100 ml heißem Wasser zerdrücken und auflösen.

In einer Pfanne 1 Esslöffel Confit-Fett erhitzen, die Brühe zugießen und nach und nach unter Rühren den Sauerampfer zugeben. Zugedeckt auf kleiner Flamme 5 Minuten garen und mit Salz und Pfeffer abschmecken.

Das Confit abtropfen lassen und auf einem Sauerampfer-Bett anrichten.

Sie können dieses Rezept auch mit zwei Gänse-Confit-Keulen zubereiten – zwei Keulen reichen vollkommen für 4 Personen. Die Gänsekeulen sollten Sie aber vor dem Servieren auslösen und in Scheiben schneiden.

Hühnchen mit Zwiebeln

poulet aux oignons

Die Zwiebel ist universell. Rund um den Erdball wird sie verzehrt, ob roh oder gekocht, weiß oder rot, süßlich-mild oder würzig-scharf. Und überall werden ihr heilende Kräfte zugeschrieben.

Für 4 Personen • Vorbereitung: 30 Minuten • Garzeit: etwa 50 Minuten

1 Poularde von etwa 1,4 kg • 3 große Zwiebeln • 1 gehäufter EL Butter • Erdnussöl • 1 TL Mehl • 500 ml trockener Weißwein • 200 ml Sahne • Salz, Pfeffer aus der Mühle

Die Flügel und Keulen der Poularde abtrennen. Die Brust am Knochen der Länge nach durchschneiden; beide Hälften quer nochmals halbieren (Sie können auch Ihren Geflügelhändler bitten, das Geflügel auf diese Weise für Sie zu zerteilen).

Die Zwiebeln schälen. Stängel- und Wurzelansatz abschneiden, die Zwiebeln vierteln und die einzelnen Schichten voneinander lösen.

In einem Schmortopf die Butter mit einem Schuss Erdnussöl erhitzen. Sobald das Fett schön heiß ist, die Geflügelstücke einlegen und auf großer Flamme unter regelmäßigem Wenden von allen Seiten Farbe annehmen lassen.

Die Fleischstücke herausnehmen und den Bratensatz mit 3 Esslöffeln Wasser ablöschen und vom Topfboden losrühren. Die Zwiebeln hineingeben und 3 Minuten anschwitzen, mit dem Mehl abstäuben, 1 Minute mitschwitzen und mit dem Weißwein auffüllen. Salzen und pfeffern.

Die Keulen einlegen und zugedeckt 10 Minuten garen; dann die Flügel zugeben und weitere 5 Minuten garen. Zuletzt die Bruststücke hinzufügen und 30–35 Minuten weitergaren. Das Fleisch ausstechen, die Sahne unter die Sauce rühren und 5–8 Minuten auf großer Flamme einkochen lassen. Abschmecken.

Die Poulardenstücke mit der Sauce und den Zwiebeln überzogen und einem Kartoffelpüree als Beilage servieren.

Beim Schmoren von Geflügel ist es immer ratsam, die Brüste an der Karkasse zu belassen. So bewahren sie am besten ihr Aroma und ihre saftige Zartheit.

Denken Sie daran, dass die verschiedenen Geflügelteile unterschiedlich lange Garzeiten haben. Da die Keulen am längsten brauchen, sollten sie als Erste in den Topf, gefolgt von den Flügeln. Die Brust gart am schnellsten, wird aber beim Übergaren leicht trocken.

Perlhuhn nach alter Art, mit Reis gefüllt

pintadeau à l'ancienne farci au riz

Wie der Pfau diente das Perlhuhn zunächst als wandelnder Gartenschmuck. Man nannte es damals auch *guinette*, ein Nachhall seiner afrikanischen Heimat Guinea. Erst gegen Ende des Hundertjährigen Krieges entdeckte man seine kulinarischen Qualitäten.

Für 4 Personen • Vorbereitung: 1 Stunde • Garzeit: 1 Stunde 40 Minuten

2 junge Perlhühner • 1 große Zwiebel • 6 EL Butter • 250 g Reis • 150 g mild gepökelter Schweinebauch • 150 g Champignons • 1 Hand voll grobes Salz • Salz, Pfeffer aus der Mühle

Den Ofen auf 220 °C vorheizen.

750 ml Wasser zum Kochen bringen. Die Zwiebel schälen und fein würfeln. In einem ofenfesten Schmortopf 1 Esslöffel Butter aufschäumen lassen. Die gewürfelte Zwiebel hineingeben und unter ständigem Rühren auf kleiner Flamme 3 Minuten anschwitzen. Den Reis zugeben, 1 Minute mitschwitzen und mit kochendem Wasser auffüllen. Salzen und pfeffern. Mit einem gebutterten Stück Pergamentpapier bedecken und im Ofen 17 Minuten garen.

Den gepökelten Schweinebauch in Würfel schneiden. Die Speckwürfel mit kaltem Wasser bedecken und kurz aufkochen. Unter fließendem Wasser kalt abschrecken und abtropfen lassen.

Die Champignons putzen, die erdigen Stielenden abschneiden. Die Pilze rasch unter fließendem Wasser waschen, abtrocknen und in Scheiben schneiden.

In einem Schmortopf 1 Esslöffel Butter zerlassen. Den Speck und die Champignons hineingeben und bei lebhafter Hitze 2 Minuten sautieren. Den Reis unterrühren.

Die Ofentemperatur auf 240 °C erhöhen. Die Perlhühner von innen salzen, pfeffern und mit ein wenig Reis-Champignon-Mischung füllen. Die Keulen an der Bauchhöhle verschnüren, damit die Füllung beim Garen nicht austritt. Die Perlhühner zunächst mit 2 Esslöffeln Butter bestreichen, dann mit dem groben Salz einreiben. Das Geflügel in einen Schmortopf setzen und im Ofen 1 Stunde und 15 Minuten braten. Dabei regelmäßig mit dem Bratensaft überziehen. Falls nötig, etwas Wasser zugießen.

Die Perlhühner aus dem Schmortopf nehmen und warm stellen. Den Topf mit 3 Esslöffeln Wasser ablöschen und den Bratensatz vom Boden losrühren. Die Reis-Champignon-Mischung mit 1 Esslöffel Butter behutsam wieder erhitzen. Die Perlhühner tranchieren und mit dem Reis umgeben servieren. Die Sauce separat dazu reichen.

Bei diesem Rezept lässt man den Reis im Ofen quellen, seine vorherige Kochzeit auf dem Herd sollte 1 Minute nicht überschreiten, da die Körner sonst platzen und zu einer breiigen Masse verkleben können.

Gefüllter Kalbsrücken

carré de veau farci

Eine Speise in der Tiefe einer anderen Speise zu versenken ist so alt wie die Küche und der menschliche Erfindungsgeist selbst. Die Römer pflegten sogar seltene Perlen oder Schlüssel zu verstecken.

Für 4 Personen • Vorbereitung: 40 Minuten • Garzeit: etwa 1 Stunde 30 Minuten

1 Kalbskotelett-Mittelstück von etwa 1,2 kg (ausgelöst, aber mit den grob zerhackten Knochen) • 1 geräucherte grobe Mettwurst *(saucisse fumée de Montbéliard)* • Erdnussöl • 200 g Butter • 1 Wirsingkohl • 3 Schalotten • Grobes und feines Salz, Pfeffer aus der Mühle

Den Ofen auf 270 °C vorheizen.

Den Kalbsrücken der Länge nach in der Mitte mit einem langen dünnen Messer tief einschneiden. In die entstandene Tasche die geräucherte Wurst stecken. Mit Küchengarn wieder zubinden.

Den Braten vor dem Salzen mit Öl einreiben, damit das Salz haften bleibt, anschließend pfeffern. Das Fleisch in eine Bratenpfanne setzen, mit 2 großen Stücken Butter belegen und die gehackten Knochen darum herum verteilen. Im Ofen 10 Minuten braten, die Temperatur auf 210 °C herunterstellen und 1 weitere Stunde und 20 Minuten weiterbraten.

Den Kohl vom Strunk befreien, in grobe Stücke und dann in feine Streifen schneiden. Die Kohlstreifen in kräftig gesalzenem Wasser 10 Minuten blanchieren. Unter fließendem Wasser kalt abschrecken und mit den Händen sorgfältig ausdrücken.

Die Schalotten schälen, fein würfeln und mit 1 Esslöffel Butter und 1 Schuss Öl bei milder Hitze 3 Minuten anschwitzen. Die Kohlstreifen und 3 weitere Esslöffel Butter zugeben und unter Rühren 5 Minuten garen. Abschmecken und warm stellen.

Den Kalbsbraten in ein großes Stück Alufolie einschlagen und beiseite stellen.

Den Bratensatz auf großer Flamme mit 100 ml Wasser ablöschen und mit einer Gabel losrühren. Den Bratensaft in eine Kasserolle gießen und die restliche eiskalte Butter stückchenweise unterschlagen. Mit Salz und Pfeffer abschmecken.

Den Kalbsbraten mit dem Kohl garniert servieren, die Sauce separat dazu reichen.

Es ist nicht unbedingt erforderlich, die Buttersauce nach und nach mit dem Schneebesen aufzuschlagen. Einfacher ist es, die eiskalte Butter im Ganzen in die Mitte der Kasserolle zu legen, die Sauce zum Kochen zu bringen und erst zuletzt mit dem Schneebesen kurz aufzuschlagen.

Mild gepökelter Schweinebauch mit „verbranntem Brot“ *poitrine demi-sel et pain brûlé*

Der Name dieses Rezeptes ist etwas irreführend, denn natürlich ist das Brot nicht tatsächlich „verbrannt“. Seine Scheiben werden lediglich mit Zucker und Kakaopulver bestreut, bevor sie im Ofen geröstet werden.

Für 4 Personen • Vorbereitung: 30 Minuten • Garzeit: 1 Stunde 30 Minuten • Einweichzeit: 2 Stunden

1 kg mild gepökelter Schweinebauch • 1 Möhre • 1 Zwiebel • 5 Pfefferkörner • 5 Wacholderbeeren • 1 Bouquet garni • 1 Bauernbrot • Puderzucker • Kakaopulver • 1 Glas grobkörniger Senf nach alter Art

Am Vortag den Schweinebauch 2 Stunden in kaltem Wasser wässern. Die Möhre und die Zwiebel schälen und mit den Pfefferkörnern, Wacholderbeeren und dem Bouquet garni in einen Schmortopf geben. Das gründlich abgespülte Fleisch einsetzen und mit reichlich kaltem Wasser bedecken. Zum Kochen bringen und zugedeckt 1 Stunde und 30 Minuten leise köcheln lassen.

Das Fleisch in seiner Brühe erkalten lassen. Anschließend abtropfen lassen und mit Frischhaltefolie bedeckt über Nacht in den Kühlschrank stellen.

Am folgenden Tag das Brot in Scheiben schneiden, ganz leicht mit Puderzucker und Kakaopulver bestreuen und unter dem Backofengrill rösten.

Den kalten Schweinebauch tranchieren und zusammen mit dem Röstbrot und dem Senf servieren.

Setzen Sie den Schweinebauch zum Wässern auf ein leicht erhöhtes Gitter oder in einen Dämpfeinsatz, damit das Fleisch nicht im eigenen Salz liegt.

Gegrillte Schweinesteaks mit Lauchpüree

échine de porc grillée à la purée de poireaux

Lauch, auch Porree genannt, ist feiner und aromatischer als das verwandte Zwiebelgemüse und unterstreicht mit seiner kräftigen Würze das an Muskat erinnernde Aroma von Schweinefleisch, besonders beim Nackenstück, dem Schweinekamm.

Für 4 Personen

Vorbereitung: 25 Minuten

Garzeit: etwa 50 Minuten

6 Kammsteaks

2 kg Lauch

120 g Butter

1 Prise Muskatnuss (nach Belieben)

1 gehäufter TL Mehl

150 ml Kalbsfond

Salz, Pfeffer aus der Mühle

Den größten Teil des Lauchgrüns und den Wurzelansatz abschneiden. Die Lauchstangen in Stücke schneiden, waschen und in einer großen Kasserolle in kochendem Salzwasser 35 Minuten garen. Sorgfältig abtropfen lassen und mit 100 ml der Garflüssigkeit in der Küchenmaschine pürieren. Das Lauchpüree in einer Kasserolle bei lebhafter Hitze unter ständigem Rühren auf die gewünschte Konsistenz eindicken lassen. 3 Esslöffel des Pürees abnehmen und beiseite stellen. 100 g der Butter in Stücke schneiden und unter das Püree ziehen. Mit Salz, Pfeffer und nach Belieben mit etwas Muskatnuss abschmecken.

Aus der restlichen Butter und dem Mehl eine Mehlschwitze zubereiten. Sobald die Mischung goldgelb wird, den Kalbsfond zugießen und die zurückbehaltenen 3 Esslöffel Lauchpüree unterrühren. Salzen und pfeffern.

Die Kammsteaks grillen und anschließend würzen. Inzwischen die Sauce und das Püree wieder erwärmen.

Die Steaks auf dem heißen Püree anrichten und servieren. Die Sauce separat dazu reichen.

Waschen Sie den Lauch in lauwarmem Wasser, so lässt sich der häufig sehr fest sitzende Sand leichter entfernen.
Statt Kammsteaks können Sie auch Schweinekoteletts verwenden. Allerdings sind Erstere saftiger.

Lammkarree mit Thymian

carré d'agneau au thym

Das Opferlamm ist Sinnbild des jüdischen Passahfestes und verkörpert für die Christen den Sohn Gottes. Doch auch abgesehen von der religiösen Bedeutung sind der Wohlgeschmack von gebratenem Lamm und die Zartheit seines Fleisches kaum zu überbieten.

Für 4 Personen • Vorbereitung: 1 Stunde • Garzeit: etwa 2 Stunden • Ruhezeit: 1 Stunde

2 Lammkarrees (bitten Sie Ihren Schlachter, das Rückgrat zu entfernen und das Fleisch an den Rippen zu lösen) • 500 g Lammknochen, grob gehackt • 1 Möhre • 1 Knoblauchzehe • 2 Schalotten • 3 Tomaten • 100 g Butter • 1 Bouquet garni • 4 EL trockener Weißwein • 8 Zweige frischer Thymian (vorzugsweise Zitronenthymian) • Salz, Pfeffer aus der Mühle

Für den Teigstrang: 1 Ei • 200 g Mehl

Für die Gemüsebrühe: 3 Möhren • 1 Stange Lauch • 1 Schalotte • 1 Knoblauchzehe • 1 mittelgroße Zwiebel • 20 Petersilienstängel • 3 Lorbeerblätter • 1 Zweig Thymian • 1 Zweig Fenchelgrün • 200 ml trockener Weißwein

In einer Schüssel das Ei mit einer Gabel verschlagen. 1 Teelöffel feines Salz und 2–3 Esslöffel Wasser zugeben und nach und nach mit einem Spatel das Mehl einarbeiten. Den Teig zu einer Kugel formen, mit Mehl bestäuben und 1 Stunde im Kühlschrank ruhen lassen.

❋ Für die Brühe das Gemüse putzen, schälen und in dünne Scheiben schneiden. In einer großen Kasserolle mit 2 Liter Wasser und dem Wein bedecken. Die Kräuter zugeben und 35 Minuten kochen lassen. Die Brühe durch ein Sieb passieren und beiseite stellen.

❋ Die Möhre, die Knoblauchzehe und die Schalotten schälen; die Tomaten waschen und in Stücke schneiden. In einer Kasserolle 1 Esslöffel Butter aufschäumen lassen. Die gehackten Knochen, das Röstgemüse und das Bouquet garni hineingeben und zugedeckt bei mittlerer Hitze etwa 10 Minuten anbraten. Hin und wieder umrühren. Mit dem Weißwein ablöschen und auf großer Flamme einkochen lassen.

❋ 500 ml Gemüsebrühe und die gleiche Menge Wasser zugießen und 1 Stunde 15 Minuten kochen lassen. Die Brühe 10 Minuten ruhen lassen, das Fett abschöpfen, 1 Zweig Thymian einlegen und 3 Minuten ziehen lassen. Die Brühe durch ein feines Sieb passieren, abschmecken und warm stellen.

❋ Den Ofen auf 270 °C vorheizen.

❋ Die Lammkarrees salzen und pfeffern. In einem ofenfesten Schmortopf die restliche Butter erhitzen und das Fleisch von jeder Seite 3 Minuten goldbraun anbraten. Das Fleisch herausheben, das Fett weggießen und den Zitronenthymian einlegen.

❋ Die Lammkarrees auf das Thymianbett legen und den Topf verschließen. Den Teig zu einem Strang ausrollen, der etwas länger ist als der Umfang des Topfes. Den Deckelrand mit etwas Wasser benetzen und mit dem Teigstrang versiegeln. Das Fleisch im Ofen 8–10 Minuten garen.

❋ Den Lammjus wieder erhitzen. Den Schmortopf am Tisch öffnen, die Lammkarrees zerteilen, auf vorgewärmten Tellern anrichten und mit dem Jus überziehen.

❋ *Die Gemüsebrühe lässt sich gut einfrieren. Vor der Verwendung sollte man sie aber immer einige Minuten aufkochen. Zum richtigen Versiegeln des Schmortopfs den Topfdeckel aufsetzen, den Teigstrang am Deckelsaum entlang auflegen und rundherum mit den Fingern festdrücken. Die angegebene Garzeit gilt nur für einen hermetisch verschlossenen Topf.*

Lammschulter mit Sardellenbutter

épaule d'agneau en gasconnade

Die Sardellen spenden das Salz und einen Hauch von *garum,* der konzentrierten Würzsauce (ähnlich der vietnamesischen *nuoc mam*), die bei den Römern so begehrt war. Sie gewannen sie, indem sie unausgenommene Fische ziemlich lange fermentieren ließen.

Für 4 Personen

Vorbereitung: 15 Minuten

Garzeit: etwa 45 Minuten

1 große Lammschulter (bitten Sie Ihren Metzger, den Knochen in 3 gleich große Stücke zu zerteilen)

4 Knoblauchzehen

14 Sardellenfilets

100 g Butter

Salz, Pfeffer aus der Mühle

Die Knoblauchzehen schälen, halbieren und den Keim entfernen. Die Hälften nochmals der Länge nach halbieren. Die Lammschulter mit den Knoblauchstiften und 6 zuvor halbierten Sardellen spicken.

Den Ofen auf 240 °C vorheizen. Das Fleisch sehr sparsam salzen und im Ofen 10 Minuten braten. Die Temperatur auf 210 °C herunterstellen und weitere 35 Minuten braten.

Mit einer Gabel die restlichen Sardellen mit der Butter zerdrücken und das Fleisch 10 Minuten vor Ende der Garzeit damit bestreichen. Als Beilage zu der Lammschulter einen Salat mit Walnussöl oder ein Topinambur-Gratin reichen.

Schneiden Sie das Fleisch zum Spicken nicht ein, da es sonst zu viel Saft verliert. Stattdessen lösen Sie mit der Messerspitze das Fleisch an mehreren Stellen direkt vom Knochen und stecken die Knoblauchstifte und Sardellenfilets in den entstandenen Spalt.

Hammel-Kartoffel-Auflauf

côtes de mouton en gratin de pommes de terre

Dies ist ein Gericht aus der guten alten Zeit, als man das Brot noch selbst backte. Nachdem es fertig war, nutzte man die von den Ziegeln oder vom Ton der inneren Ofenwand gespeicherte Resthitze zum Garen weiterer Gerichte.

Für 4 Personen • Vorbereitung: 30 Minuten • Garzeit: etwa 1 Stunde 40 Minuten

8 dicke Hammelkoteletts • 1 Tomate • 1 kg Kartoffeln • 1 Zwiebel • 100 g magerer Speck • 2 EL Butter • 1 Knoblauchzehe • 1 Bouquet garni • 1 Prise Muskatnuss • 50 ml trockener Weißwein • Salz, Pfeffer aus der Mühle

Die Tomate in kochendem Wasser 20 Sekunden blanchieren, noch heiß häuten und grob hacken. Die Kartoffeln schälen und in Scheiben schneiden. Die Zwiebel schälen und würfeln.

Den Speck in kleine Würfel schneiden, in einer Kasserolle mit kaltem Wasser bedecken und kurz aufkochen. Abgießen und abtropfen lassen.

Die gewürfelte Zwiebel und die abgetropften Speckwürfel in 1 Esslöffel Butter unter häufigem Rühren 5 Minuten anschwitzen.

Den Ofen auf 180 °C vorheizen.

Den Boden und den Rand einer großen Auflaufform mit dem Knoblauch einreiben. Die Zwiebel-Speck-Mischung darin verteilen und das Bouquet garni einlegen.

Die Hammelkoteletts salzen und in einer Pfanne mit 1 Esslöffel Butter 3 Minuten anbraten. Das Fleisch auf das Zwiebel-Speck-Bett legen, mit der Hälfte des Bratfetts übergießen und pfeffern. Die Koteletts mit den Kartoffelscheiben bedecken; jede Schicht salzen und pfeffern.

Die gehackte Tomate auf den Kartoffeln verteilen, mit Salz, Pfeffer und Muskatnuss würzen. Den Weißwein zugießen und mit Wasser auffüllen.

Im Ofen 1 Stunde und 30 Minuten backen, dabei den Garprozess regelmäßig kontrollieren. Droht der Auflauf zu trocken zu werden, noch einige Esslöffel Wasser zugeben.

Den Hammel-Kartoffel-Auflauf in der Form servieren.

Die Hammelkoteletts sollten möglichst scharf angebraten werden, damit sie nicht so viel Saft verlieren. Man kann an ihrer Stelle auch Lammkoteletts verwenden, die weniger fett sind. Das Ergebnis ist allerdings nicht ganz so gut.

Schmoräpfel mit Boudin

pommes au boudin

Dies ist ein Leckerbissen aus Großmutters Zeiten. Boudin (Blutwurst) hat schon immer eine süße Begleitung geschätzt. Auf der Ile d'Ouessant bereitete man früher einen *far du* (schwarzen Kuchen) aus frischem Schweineblut, Mehl, Zucker und Gewürzen.

Für 4 Personen • Vorbereitung: 15 Minuten • Garzeit: 25 Minuten • Einweichzeit: 12 Stunden

400 g Boudin (Blutwurst) • 4 Äpfel (vorzugsweise Golden Delicious) • 3 EL Korinthen • 2 EL Pinienkerne • 12 Walnusskerne • 2 EL Haselnusskerne • 4 EL Butter • Salz, Pfeffer aus der Mühle

✻ Am Vortag die Korinthen in einer Schale mit Wasser bedecken und über Nacht einweichen lassen. Am folgenden Tag den Ofen auf 240 °C vorheizen.

✻ Die Äpfel waschen, einen Deckel von einem Fünftel der Höhe abschneiden und beiseite legen. Die Äpfel aushöhlen, 1 Stückchen Butter hineingeben und innen leicht salzen und pfeffern. Die Äpfel und ihre Deckel in eine Auflaufform setzen.

✻ Die Pinienkerne auf einem Kuchenblech oder der Fettpfanne ausbreiten und im Ofen 3–5 Minuten rösten. Zwischendurch das Blech gelegentlich rütteln. Sobald die Pinienkerne Farbe angenommen haben, aus dem Ofen nehmen, die Äpfel hineinschieben und etwa 15 Minuten backen. Dabei regelmäßig mit ihrem eigenen Saft überziehen.

✻ Die Blutwürste abziehen, in Scheiben schneiden und in einer Pfanne in der Butter etwa 5 Minuten braten, gerade so lange, bis sie etwas trockener geworden sind. Die Wurstscheiben in einer Schüssel mit der Gabel zerdrücken, die abgetropften Korinthen, zerstoßenen Walnüsse und Haselnüsse sowie die gerösteten Pinienkerne untermengen.

✻ Die Äpfel aus dem Ofen nehmen, mit der Farce füllen, die Deckel aufsetzen und im Ofen weitere 5 Minuten backen. Sofort servieren.

✻ *Lösen Sie nicht zu viel Fruchtfleisch aus den Äpfeln, da sie sonst während des Garens leicht zusammenfallen. Die Wal- und Haselnusskerne lassen sich am einfachsten zerstoßen, indem man sie in einen großen Topf gibt und mit dem Boden eines kleineren Topfes zerdrückt. So können sie nicht davonspringen.*

Provenzalisches Rinderragout mit Kichererbsenküchlein *daube provençale aux panisses*

Vor der Ankunft der Kartoffel reichte man eine dicke Sauce oder sehr lange gegartes Fleisch zu Brei und Teigwaren, wie hier ein Ragout zu den *panisses*, die ein wenig an Polenta erinnern.

Für 4 Personen • Vorbereitung: 40 Minuten • Garzeit: etwa 2 Stunden 40 Minuten • Kühlzeit: 12 Stunden

1,2 kg Rinderbug • 3 Möhren • 3 Zwiebeln • 5 EL Olivenöl • 1 Knoblauchknolle • 1 Zweig Thymian • 1 Lorbeerblatt • 1 EL Mehl • 750 ml kräftiger Rotwein (Côtes du Rhône) • 300 g Kichererbsenmehl • 1 EL Butter • Salz, Pfeffer aus der Mühle

Am Vortag das Fleisch in große Würfel schneiden; den Ofen auf 150 °C vorheizen. Die Möhren und Zwiebeln schälen und in Scheiben schneiden.

In einem Schmortopf 3 Esslöffel Olivenöl auf großer Flamme erhitzen und das Fleisch unter Rühren etwa 3 Minuten von allen Seiten braun anbraten. Das Fleisch herausnehmen und die Zwiebeln und Möhren 3 Minuten anschwitzen. Die halbierte Knoblauchknolle, den Thymian, das Lorbeerblatt und zuletzt wieder das Fleisch zugeben.

Mit dem durchgesiebten Mehl bestäuben und unter Rühren weitere 3 Minuten garen. Den Rotwein zugießen, salzen, pfeffern und den Topf hermetisch verschließen (nötigenfalls mit Teig versiegeln). Das Ragout im Ofen 2 Stunden und 30 Minuten garen.

Für die *panisses* eine Kasserolle mit 800 ml Wasser füllen. Nach und nach mit einem Schneebesen das Kichererbsenmehl einarbeiten. Dabei kräftig rühren, damit sich keine Klümpchen bilden. 1 kleinen Esslöffel Salz, Pfeffer und 2 große Esslöffel Olivenöl unterrühren. Die Mischung aufkochen und 6 Minuten kochen lassen. Dabei beständig am Topfboden rühren, damit der Brei nicht ansetzt. Die Masse auf eine großzügig gebutterte Platte gießen, abkühlen lassen und mit Alufolie bedeckt in den Kühlschrank stellen. (Falls Sie den Schmortopf mit Teig versiegelt haben, den Teigsaum entfernen, damit der Dampf aus dem Topf entweichen kann. Das Ragout über Nacht zugedeckt kalt stellen.)

Am folgenden Tag das Ragout langsam erhitzen. Die *panisses* zunächst in etwa 5 x 8 cm große Rechtecke, dann in Rauten schneiden. Die *panisses* in Olivenöl braten, das Ragout in einer Schüssel anrichten und beides servieren.

Ein nicht hermetisch schließender Schmortopf lässt sich am besten mit einem Teig versiegeln: Für einen großen Topf rechnet man 400 g Mehl. In der Mitte eine Mulde bilden, etwa 200 ml Wasser hineingießen und mit den Fingerspitzen zu einem homogenen, klebrigen Teig verarbeiten.

Den Teig zu einem Strang rollen, der etwas länger ist als der Topfumfang. Den Topfdeckel aufsetzen und den Teigstrang am Deckelsaum entlang auflegen und rundherum mit den Fingern andrücken.

Die Kichererbsenküchlein (panisses) *schneidet man gewöhnlich zunächst in 5 x 8 cm große Rechtecke und anschließend in Rauten.*

Wenn Sie kein Kichererbsenmehl zur Hand haben, können Sie auch Minutenpolenta nehmen.

Lammkoteletts mit Lorbeerreis

côtes d'agneau, riz de laurier

Aus China und Indien kommend, breitete sich der Reis über den Mittleren Osten schließlich bis nach Europa aus, wo er eine Art wilden Reis ablöste. Reis-Pilaw ist nur eine von zahllosen Zubereitungsarten für eines der wichtigsten Nahrungsmittel der Menschheit.

Für 4 Personen

Vorbereitung: 15 Minuten

Garzeit: etwa 25 Minuten

8 Lammkoteletts

1 Zwiebel

3 EL Olivenöl

200 g Reis

5 Lorbeerblätter

2 gehäufte EL Butter

Grobes und feines Salz,

Pfeffer aus der Mühle

Die Zwiebel schälen und fein würfeln. In einem Schmortopf 2 Esslöffel Olivenöl erhitzen und die Zwiebeln darin unter Rühren 3 Minuten glasig schwitzen. Die Zwiebelwürfel mit einem Schaumlöffel herausheben, über dem Topf kurz abtropfen lassen und beiseite stellen.

Den Reis in den Topf geben und 3 Minuten anschwitzen. Dabei ständig mit einem Holzlöffel rühren, damit alle Körner gleichmäßig mit dem Öl überzogen werden. Die doppelte Menge Wasser zugießen, die Lorbeerblätter und Zwiebelwürfel untermengen, mit grobem Salz würzen und zugedeckt 20 Minuten garen.

Die Lammkoteletts leicht mit Olivenöl bestreichen, salzen und in einer sehr heißen, beschichteten Pfanne braten. Das austretende Fett zwischendurch weggießen. Zum Schluss den Fettrand der Koteletts braten. Das Fleisch mit Pfeffer aus der Mühle würzen.

Die Lorbeerblätter aus dem Reis entfernen und die Butter unterziehen. Auf gut vorgeheizten Tellern servieren.

Um zu vermeiden, dass die Zwiebeln verbrennen, sollte man sie zunächst nur leicht glasig schwitzen und erst wieder zugeben, nachdem der Reis mit Wasser aufgegossen wurde.

Lamm- und Hammelfleisch sollten immer auf sehr heißen Tellern serviert werden, da ihr Fett einen recht hohen Schmelzpunkt hat und daher rasch wieder erstarrt.

Verwenden Sie getrockneten Lorbeer, er ist weniger kräftig als die frischen Blätter. In zu großen Dosen wird das aromatische Kraut leicht bitter und würde die Finesse dieses Gerichts verderben.

Schweineragout in Rotwein

fricassée de porc au vin rouge

Dies ist eine Abwandlung des *civet* (Hasenpfeffer), denn auch hier wird das Fleisch vor dem kräftigen Anbraten mariniert. Früher pflegte man solche Gerichte mit Brot aufzutunken, denn durch das lange Garen war das Fleisch schön mürbe und die Sauce eingedickt.

Für 4 Personen
Vorbereitung: 30 Minuten
Garzeit: etwa 1 Stunde 50 Minuten
Marinierzeit: 12 Stunden

1,2 kg Schweinelende
1 große Zwiebel
1 Gewürznelke
6 Wacholderbeeren
6 Pfefferkörner
5 Zweige Thymian
1 Lorbeerblatt
500 ml Rotwein
1 EL Gänseschmalz (ersatzweise Öl)
1 gestrichener EL Mehl
1/2 Würfel Geflügelbrühe
Salz, Pfeffer aus der Mühle

Am Vortag das Fleisch parieren und in große Würfel schneiden. Die Fleischwürfel in ein fest verschließbares Glasgefäß geben, die geschälte und gewürfelte Zwiebel, die Nelke, die Wacholderbeeren, Pfefferkörner, den Thymian und Lorbeer zugeben und mit dem Rotwein übergießen. Das Gefäß verschließen und über Nacht in den Kühlschrank stellen.

Am folgenden Tag das Fleisch aus der Marinade nehmen und auf Küchenpapier abtropfen lassen. Den Ofen auf 160 °C vorheizen.

In einem ofenfesten Schmortopf das Gänseschmalz erhitzen und das Fleisch darin auf großer Flamme 3 Minuten unter Rühren von allen Seiten scharf anbraten. Salzen, mit dem Mehl bestäuben und 1 weitere Minute anbraten. Dabei ständig weiterrühren. Die Marinade mit Gemüse und Gewürzen sowie die in 50 ml heißem Wasser aufgelöste Instantbrühe zugießen. Aufkochen und flambieren. Das Fleisch zugedeckt im Ofen 1 Stunde und 30 Minuten schmoren.

Das Fleisch aus dem Ofen nehmen und ausstechen. Die Schmorflüssigkeit durch ein Sieb passieren und auf großer Flamme etwas einkochen lassen. Abschmecken. Das Fleisch in der Sauce erhitzen und mit einem Kartoffelpüree servieren.

Wenn Sie nur wenig Zeit haben, können Sie das Ragout auch zubereiten, ohne das Fleisch zuvor zu marinieren.
Um das Mehl möglichst gleichmäßig zu verteilen, verwenden Sie zum Abstäuben am besten ein feines Sieb, an das Sie mit einem Holzlöffel schlagen.
Sie können der Sauce je nach Geschmack mit einem Schuss Weinessig einen zusätzlichen würzigen Akzent verleihen.

Schweinswürste in Rotwein mit *crozets*

saucisses au vin rouge aux crozets

Rotweinsauce wird gerne zu heißen Würsten gereicht. *Crozets* gehören zur großen Familie der Klöße und Kroketten und sind eine dritte köstliche Art, Teig zu verarbeiten, der hier aus Buchweizenmehl besteht.

Für 4 Personen • Vorbereitung: 30 Minuten • Garzeit: etwa 50 Minuten

800 g grobe Schweinsmettwürste *(saucisses de Savoie)* • 500 ml kräftiger Rotwein (Côtes du Rhône) • 1/2 Würfel Geflügelbrühe • 1 Lorbeerblatt • 6 Wacholderbeeren • 4 Pfefferkörner • 1 TL Tomatenmark • 1 Prise feiner Zucker • 300 g *crozets* (in Klößchen- oder Quadratform; ersatzweise Kartoffel-Gnocchi) • 2 großzügige EL Butter • 100 g Beaufort • Salz, Pfeffer aus der Mühle

Die Würste mit einer Gabel rundherum einstechen, in einer Kasserolle mit kaltem Wasser bedecken, zum Kochen bringen und 20 Minuten lang köcheln lassen. Abtropfen lassen.

Den Rotwein in einer großen Sauteuse zum Kochen bringen und flambieren. Die Geflügelbrühe, die Würste, das Lorbeerblatt, die Wacholderbeeren, die Pfefferkörner, das Tomatenmark, Zucker und Salz zugeben, zum Kochen bringen und zugedeckt auf kleiner Flamme 30 Minuten garen.

Die *crozets* nach Packungsanleitung in kochendem Salzwasser garen. Abtropfen lassen und mit der Butter zurück in den Topf geben und vermengen. Zugedeckt warm stellen.

Die Würste aus der Sauteuse nehmen und warm stellen. Die Sauce durch ein Sieb passieren und leicht eindicken lassen. Mit Salz und Pfeffer abschmecken. Die Würste in der Sauce kurz wieder erhitzen.

Kurz vor dem Servieren die *crozets* wieder erwärmen und den gewürfelten Beaufort unterziehen. Die Würste in dicke Scheiben schneiden und sofort servieren.

Scheuen Sie sich nicht, die Würste zunächst in Wasser zu kochen, damit sie einen Teil ihres Fettes abgeben. Die Sauce lässt sich auch mit Butter aufschlagen. Dazu 50 g Butter in die Sauce geben und zum Kochen bringen.

Karbonade „Saint-Marcel“

carbonnade de Saint-Marcel

Lange vor der Erfindung des modernen Barbecue kannten die Köhler bereits dieses Gericht, das sie in einer Mulde ihres Meilers (eines Holzofens) im Wald schmoren ließen und dabei ganz nebenher Holzkohle gewannen.

Für 4 Personen

Vorbereitung: 30 Minuten

Garzeit: etwa 2 Stunden 30 Minuten

Marinierzeit: 3 Tage

800 g Rinderhüfte oder Schwanzstück

2 Zwiebeln

4 Knoblauchzehen

10 Salbeiblätter

5 Gewürznelken

2 Zweige Thymian

2 Lorbeerblätter

10 Pfefferkörner

2 EL Olivenöl

1 TL Mehl

500 ml Rotwein

1 Prise feiner Zucker

Grobes und feines Salz, Pfeffer aus der Mühle

Drei Tage im Voraus das Fleisch mit grobem Salz gründlich einreiben und in ein fest verschließbares Gefäß legen. 1 geschälte und grob gewürfelte Zwiebel, die Salbeiblätter, 3 Nelken, die geschälten und halbierten Knoblauchzehen, 1 Zweig Thymian, 1 Lorbeerblatt und die Pfefferkörner zugeben, das Gefäß fest verschließen und drei Tage im Kühlschrank marinieren lassen.

Den Ofen auf 150 °C vorheizen.

Das Fleisch unter fließendem Wasser abspülen, in kleine Würfel schneiden und mit Küchenpapier sorgfältig trockentupfen. Die verbliebene Zwiebel schälen und würfeln. In einem ofenfesten Schmortopf das Olivenöl erhitzen und Fleisch und Zwiebel darin 2 Minuten unter Rühren anbraten.

Mit dem Mehl abstäuben, 30 Sekunden weiterrühren, den Rotwein zugießen und flambieren. Die restlichen Nelken, den zweiten Thymianzweig, 1/2 Lorbeerblatt und den Zucker zugeben und etwas salzen und pfeffern. Den Topf verschließen und im Ofen 2 – 2 1/2 Stunden schmoren. Nötigenfalls zwischendurch noch etwas Wein nachgießen: Das Fleisch sollte immer in ausreichend viel Flüssigkeit liegen, sonst wird es zäh.

Das Fleisch aus dem Ofen nehmen, Gewürze und Kräuter entfernen und die Sauce auf dem Herd bei lebhafter Hitze auf eine leicht sämige Konsistenz einkochen lassen. Abschmecken und mit einem Kartoffelpüree servieren.

Achten Sie darauf, dass die Zwiebeln nicht verbrennen, da die Sauce sonst bitter wird. Statt Fleisch und Püree getrennt zu servieren, können Sie auch auf jedem Teller einen Kranz Püree drapieren und die Karbonade darüber schöpfen.

Geschmortes Rindfleisch mit Sardellen

bœuf braisé aux anchois

Eine Version dieses Rezeptes bereitete man auf den Lastkähnen zu, die auf Rhône und Saône verkehrten und die Pont de Trinquetaille in Arles mit den Kais in Chalon verbanden. Als Brühe nahm man guten weißen Burgunder – Châteauneuf, Condrieu oder Mâcon.

Für 4 Personen

Vorbereitung: 25 Minuten

Garzeit: etwa 2 Stunden 30 Minuten

1 kg Rinderbug

100 g geräucherter Bauchspeck

2 EL Olivenöl

1 TL Mehl

1 Würfel Geflügelbrühe

7 Sardellenfilets

1 Bund Schnittlauch

Salz und Pfeffer aus der Mühle

Das Fleisch in Würfel schneiden. Den Ofen auf 150 °C vorheizen. Den Speck würfeln und in dem heißen Olivenöl anschwitzen. Mit einem Schaumlöffel herausheben. Das Fleisch hineingeben und unter Rühren 3 Minuten von allen Seiten Farbe annehmen lassen. Mit dem Mehl bestäuben und 1 weitere Minute beständig rühren.

Die Geflügelbrühe mit einer Gabel in etwa 200 ml heißem Wasser zerdrücken und über das Fleisch gießen. Die Speckwürfel und die gehackten Sardellenfilets zugeben, mit Pfeffer würzen und im Ofen 2 1/2 Stunden schmoren.

Den Schnittlauch putzen und in Röllchen schneiden. Das Fleisch vor dem Servieren mit den Schnittlauchröllchen garnieren.

Seien Sie vorsichtig mit Salz! Die Sardellen, die Brühe und der Speck steuern bereits reichlich davon bei. Falls überhaupt nötig, sollten Sie erst kurz vor dem Servieren noch einmal nachwürzen.

Lammkeule mit Wacholder und Rahmkartoffeln

gigot au genièvre, pommes de terre à la crème

Eine schlichte Lammkeule nimmt Haltung an, wenn man sie mit Wacholderbeeren würzt, und hat nun durchaus den Rang eines Wildbrets, das zur gabellosen Zeit übrigens nur auf den Tisch der Herrschaft gebracht wurde.

Für 4 Personen
Vorbereitung: 30 Minuten
Garzeit: etwa 50 Minuten
Marinierzeit: 12 Stunden

1 Lammkeule von etwa 1,6 kg
15 Wacholderbeeren
1 EL Erdnussöl
1 kg Kartoffeln (vorzugsweise Charlotte)
1 Zweig Thymian
1 Lorbeerblatt
400 ml Vollmilch
2 gehäufte EL Butter
200 ml Sahne
Salz, Pfeffer aus der Mühle

Am Vortag die Lammkeule mit den Wacholderbeeren spicken, in ein feuchtes Tuch einwickeln und über Nacht in den unteren Teil des Kühlschranks legen. Am folgenden Tag die Keule 2 Stunden vor der Zubereitung herausnehmen. Den Ofen auf 240 °C vorheizen.

Die Lammkeule in eine ofenfeste Form setzen, leicht mit Öl bestreichen, salzen und mit einigen Butterflocken bedecken. Im Ofen 10 Minuten braten, die Temperatur auf 220 °C herunterstellen und weitere 40 Minuten braten. Dabei regelmäßig mit dem Bratensaft übergießen.

Das Fleisch aus dem Ofen nehmen, in Alufolie einschlagen und 15 Minuten ruhen lassen. Das Fett aus der Form abgießen, den Bratensatz mit einigen Esslöffeln Wasser ablöschen und vom Boden losrühren. Den Bratensaft durch ein Sieb in eine Kasserolle passieren.

Die Kartoffeln schälen und in etwa 1 cm dicke Scheiben schneiden (nicht waschen, damit keine Stärke ausgeschwemmt wird, die zur Bindung benötigt wird).

Die Kartoffelscheiben mit dem Thymian und dem Lorbeerblatt in eine Kasserolle geben und mit der Milch bedecken. Salzen und pfeffern. Zum Kochen bringen und 20–25 Minuten zugedeckt köcheln lassen (den Gargrad mit einer Messerspitze kontrollieren: Die Kartoffeln sollten noch Biss haben).

❊ Die Kartoffeln mit einem Schaumlöffel aus der Milch heben und in eine gebutterte Auflaufform füllen. Die Milch mit der Sahne auf großer Flamme auf die Hälfte einkochen lassen, salzen, pfeffern und über die Kartoffeln gießen. Im Ofen 15 Minuten backen.

❊ Den Lammjus behutsam wieder erhitzen. Die Lammkeule servieren, die Rahmkartoffeln und den Jus separat dazu reichen.

❊ *Fleisch sollte man grundsätzlich 2 Stunden vor der Zubereitung oder noch früher aus dem Kühlschrank nehmen, damit die Temperatur innen und außen etwa gleich ist. Ist die Zeit knapp, können Sie den Prozess mit einer milden Hitzequelle beschleunigen.*

Das Fleisch sollte nicht übergart werden. Das Einwickeln in Alufolie hält es nicht nur warm, sondern lässt auch den Garprozess zur Ruhe kommen, wobei die Fleischfasern entspannen und der in der Mitte konzentrierte Saft sich gleichmäßig im gesamten Fleisch verteilt.

Beim Garen der Kartoffeln kann die Milch etwas ansetzen. Mengen Sie diesen „Belag“ ruhig unter die Kartoffeln, er schmeckt köstlich!

Kalbsmedaillons mit Fourme d'Ambert und Petersilienpüree

mignon de veau à la fourme d'Ambert, purée persillée

Als die Schlachterei noch ein bäuerliches Handwerk war, wurden die beiden kostbarsten Stücke vom Kalb nicht selten „zurückgelegt". Der ländliche Einfluss zeigt sich hier bis in die Zubereitung der Sauce, der ein vollaromatischer Fourme Würze verleiht.

Für 4 Personen • Vorbereitung: 40 Minuten • Garzeit: etwa 45 Minuten

800 g Kalbsfilet • 1 kg Kartoffeln • 2 Knoblauchzehen • 1 Bund glatte Petersilie • 100 ml Vollmilch • 150 g Butter • 1 Prise Muskatnuss • 1 EL Erdnussöl • 200 ml Weißwein • 300 ml Sahne • 200 g Fourme d'Ambert • Grobes und feines Salz, Pfeffer aus der Mühle

Die Kartoffeln und die Knoblauchzehen schälen und in kochendem Salzwasser (1 Esslöffel grobes Salz pro Liter) garen.

Die Petersilie abzupfen, waschen, abtropfen lassen und grob hacken. Von dem Kartoffelwasser etwa 100 ml abnehmen, die Kartoffeln abgießen und zurück in den Topf geben.

Die Kartoffeln mit einer Gabel zerdrücken und nach und nach die zurückbehaltene Garflüssigkeit sowie die Milch einarbeiten.

120 g der Butter in kleine Stücke zerteilen und mit der gewaschenen und gehackten Petersilie unter das Püree ziehen. Mit Muskatnuss, Salz und Pfeffer abschmecken und warm stellen.

Das Kalbsfilet in 1/2 cm dünne Medaillons schneiden. Die restliche Butter und das Öl in einer Sauteuse erhitzen und die Medaillons bei mäßiger Hitze 5 Minuten braten. Sparsam salzen und auf einem vorgewärmten Teller mit Alufolie bedeckt warm stellen.

Das Bratfett weggießen, die Sauteuse mit dem Weißwein ablöschen und die Flüssigkeit auf großer Flamme fast vollständig verkochen lassen.

Die Sahne zugießen und bei großer Hitze um ein Drittel reduzieren; nach und nach den Fourme d'Ambert in kleinen Stückchen unterschlagen. Die Sauce durch ein Sieb passieren, festere Bestandteile mit einem Löffel durchstreichen.

Die Kalbsmedaillons auf einer vorgewärmten Platte anrichten, pfeffern und mit der Sauce überziehen. Das Petersilienpüree dazu servieren.

Eine zusätzliche rustikale Note erzielt man, wenn man das bereits auf Tellern angerichtete Püree mit etwas grobem Salz bestreut.

Brät man die Medaillons in geklärter Butter, erübrigt sich selbstverständlich das Öl.

Gepökelte Schweineschulter mit weißen Rüben in Cidre *palette de porc, navets au cidre*

Nichts eignet sich als Beilage zu diesem Stück Fleisch besser als junge weiße Rüben. Die köstlichen „Murmeln" werden mit dem Fleisch gegart und dann in guter Butter und Cidre karamellisiert.

Für 4 Personen • Vorbereitung: 20 Minuten • Garzeit: etwa 2 Stunden 10 Minuten • Einweichzeit: 12 Stunden

1,5 kg gepökelte Schweineschulter • 12 kleine weiße Rüben • 1 Möhre • 1 Zwiebel • 1 Gewürznelke • 8 Pfefferkörner • 1 Würfel Geflügelbrühe • 1 Zweig Thymian • 1 Lorbeerblatt • 1 l trockener Cidre (brut) • 200 ml Crème fraîche (nach Belieben) • 2 EL Butter • Salz, Pfeffer aus der Mühle

Am Vortag das Pökelfleisch 12 Stunden in kaltem Wasser wässern. Das Wasser zwischendurch zweimal wechseln. Das Fleisch nach dem Wässern sorgfältig vom Fett befreien.

Am folgenden Tag den Ofen auf 160 °C vorheizen.

Die Möhre und die Zwiebel schälen und grob würfeln. In einem ofenfesten Schmortopf 1 Esslöffel Butter erhitzen und das Gemüse unter Rühren 3 Minuten anschwitzen. Das Fleisch einlegen und die Nelke, die Pfefferkörner, den zerdrückten Brühwürfel, den Thymian und das Lorbeerblatt zugeben. Mit dem Cidre übergießen, zum Kochen bringen und zugedeckt im Ofen 1 1/2 Stunden schmoren.

Die Rüben schälen und zu dem Fleisch geben. Weitere 20–30 Minuten garen (den Gargrad des Fleischs und der Rüben durch Einstechen mit einer Messerspitze prüfen).

Das Fleisch und die Rüben aus dem Topf heben und die Sauce durch ein feines Sieb passieren. Nach Belieben die Crème fraîche einrühren und die Sauce leicht eindicken lassen. Abschmecken.

Das Fleisch und die Rüben zugedeckt bei milder Hitze in der Sauce wieder erwärmen. Heiß servieren.

Fragen Sie auf dem Markt nach Teltower Rüben. Wenn Sie es gern süßsauer mögen, können Sie die Rüben auch glasieren.

Dazu in einer Sauteuse 4 Esslöffel Cidreessig mit 1 Teelöffel Honig und 2 Teelöffeln Butter zum Kochen bringen und mit Salz und Pfeffer aus der Mühle würzen. Die Rüben hineingeben und beständig schwenken, bis die Flüssigkeit sirupartig eingedickt ist und die Rüben rundherum überzogen hat.

Schweinsfuß mit Persillé des Aravis

pieds de cochon au persillé des Aravis

In Gegenden, wo der Senf einst rar und teuer war, half man der Vinaigrette häufig mit einem kräftigen Käse auf die Beine.

Für 4 Personen

Vorbereitung: 10 Minuten

Garzeit: etwa 30 Minuten

4 gekochte Schweinsfüße (in ihrem Aspik)
1 EL Olivenöl
5 EL Erdnussöl
1 EL Weißweinessig
1 EL Rotweinessig
1 unbehandelte Orange
1/2 Stück Würfelzucker
4 EL Gemüsebrühe (Instant)
200 g Persillé des Aravis (Ziegen-Blauschimmelkäse aus der Savoie)
Salz, Pfeffer aus der Mühle

In einem Schmortopf die Schweinsfüße auf kleinster Flamme 30 Minuten behutsam erhitzen.

Aus dem Öl, Essig, dem an der Orange abgeriebenen Stück Zucker, der Gemüsebrühe, Salz und Pfeffer eine Vinaigrette zubereiten. Den Käse entrinden, unter die Vinaigrette mengen und pürieren.

Die Schweinsfüße abtropfen lassen und heiß servieren. Die Vinaigrette in einer Sauciere dazu reichen.

Reibt man mit einem Zuckerstück über die Schale einer Zitrusfrucht, nimmt es deren Aroma an. Dieses ist allerdings sehr flüchtig, daher sollte der Zucker nicht vor dem Garen, sondern immer erst im allerletzten Moment zugegeben werden.

Schweinefilet mit Backpflaumen

porc aux pruneaux

Die Vorliebe für süße Fleischsaucen manifestiert sich auch in diesem Rezept aus dem Val de Loire, das in mancher Hinsicht dem „Schweinefleisch süßsauer" der chinesischen Küche ähnelt.

Für 4 Personen • Vorbereitung: 25 Minuten • Garzeit: etwa 1 Stunde 20 Minuten • Marinierzeit: 12 Stunden

1,2 kg Schweinefilet • 200 g geräucherter Bauchspeck • 12 Backpflaumen • 400 ml trockener Vouvray • 1 Prise Zimt • 3 Pfefferkörner • 1 EL Gänseschmalz (ersatzweise Butter oder Öl) • 1 EL Mehl • 1 Würfel Geflügelbrühe • 200 ml Sahne • Salz, Pfeffer aus der Mühle

Am Vortag die Backpflaumen unter fließend heißem Wasser abspülen und in einer Schüssel mit dem Vouvray bedecken. Den Zimt und die Pfefferkörner zugeben und über Nacht im Kühlschrank marinieren lassen.

Am folgenden Tag den Wein in eine Kasserolle abgießen und zum Kochen bringen. Die Pflaumen wieder einlegen und abseits der Kochstelle zugedeckt 15 Minuten ziehen lassen.

Den Speck von der Schwarte befreien und würfeln. Die Würfel in einer Kasserolle mit kaltem Wasser bedecken, kurz aufkochen und unter fließendem Wasser kalt abschrecken. Abtropfen lassen. Das Fleisch parieren und in große Würfel schneiden. Das Gänseschmalz in einem Schmortopf erhitzen und das Fleisch 3 Minuten von allen Seiten anbraten. Mit dem durchgesiebten Mehl abstäuben und 1 Minute weiterrühren.

Die Pflaumen aus dem Wein nehmen, das Fleisch mit dem Wein ablöschen. Die in 100 ml heißem Wasser aufgelöste Brühe und den Speck zugeben und zugedeckt auf kleiner Flamme 1 Stunde und 15 Minuten garen.

Das Fleisch und den Speck mit einem Schaumlöffel herausheben. Die Sahne einrühren, die Sauce auf großer Flamme leicht eindicken lassen und abschmecken.

Die Sauce durch ein Sieb passieren und zurück in die Kasserolle geben. Die Pflaumen und das Fleisch hineingeben und auf kleiner Flamme kurz wieder erhitzen. Mit einem Kartoffelpüree servieren.

Die Backpflaumen quellen schneller, wenn man sie vor dem Einweichen heiß abspült und damit die dünne Zuckermembran entfernt, die ihre Schale überzieht.

Kalbskoteletts in *verjus* mit Spinateierkuchen *côtes de veau au verjus, crêpe d'épinards*

Schon zu Lebzeiten von Alexandre Dumas schätzte man die säuerliche Würze, die der *verjus* in Saucen und Beilagen brachte. Der (wörtlich) „Grünsaft" wurde aus den noch unreifen Trauben gewonnen, die nach der Weinlese an den Rebstöcken zurückgeblieben waren – was heute selten vorkommt.

Für 4 Personen

Vorbereitung: 50 Minuten

Garzeit: etwa 25 Minuten

4 Kalbskoteletts von je 200 g
1 EL Gänseschmalz
5 EL *verjus* (ersatzweise Federweißer)
Grobes und feines Salz, Pfeffer aus der Mühle

Für Petersilienbutter und Eierkuchen:
4 graue Schalotten
2 Knoblauchzehen
1 Bund glatte Petersilie
3 EL Butter
1 kg frischer Spinat
1 Knoblauchzehe
1 EL Mehl
200 ml Milch
2 Eier

✻ Die geschälten Schalotten und 1 geschälte und entkeimte Knoblauchzehe fein würfeln. 15 Zweige glatte Petersilie abzupfen, waschen, gründlich ausdrücken und hacken. In einer Schale die Butter mit den Schalotten, einer Knoblauchzehe und der Petersilie mit einer Gabel zerdrücken; salzen und pfeffern.

✻ Den Spinat putzen, dabei die dicken Stiele entfernen, in reichlich Wasser waschen. In einer großen Kasserolle gesalzenes Wasser (1 Esslöffel grobes Salz pro Liter) mit der zweiten geschälten Knoblauchzehe zum Kochen bringen. Den Spinat hineingeben und nach dem erneuten Aufwallen 3 Minuten blanchieren. Kalt abschrecken, die Knoblauchzehe entfernen und den Spinat mit den Händen gut ausdrücken. Den Ofen auf 180 °C vorheizen.

✻ Den Spinat hacken und in einer Auflaufform verteilen. Das Mehl mit der Milch verrühren, die Eier zugeben, salzen, pfeffern und mit einer Gabel gründlich verschlagen. Die Mischung mit dem Spinat vermengen und 12 Minuten backen.

✻ Die Kalbskoteletts salzen und in dem heißen Gänseschmalz auf kleiner Flamme etwa 10 Minuten braten. Die Pfanne entfetten, die Kalbskoteletts mit der Petersilienbutter bestreichen, zurück in die Pfanne legen und zugedeckt auf ganz kleiner Flamme weitere 3 Minuten garen.

✻ Die Kalbskoteletts auf vorgewärmten Tellern anrichten. Die Pfanne auf großer Flamme mit dem *verjus* oder dem Federweißer ablöschen und das Fleisch mit dem Bratensaft überziehen. Mit der Spinatcrêpe sofort servieren.

✻ *Salzen Sie das Wasser für den Spinat erst, wenn es aufwallt. Wenn Sie das Salz gleich zu Beginn zugeben, dauert es länger, bis das Wasser siedet.*
Sie können die Kalbskoteletts auch grillen, allerdings werden sie dann etwas trockener.

Pormonier-Würste mit jungem Tomme und Pellkartoffeln *pormonier à la tomme blanche*

Jungen Tomme de Savoie zu verzehren ist, als würde man den Weizen noch grün ernten. Dennoch schmeckt der Tomme-Frischkäse ganz hervorragend mit dieser köstlichen Savoyer Wurst aus magerem Speck, Kohl und Kräutern.

Für 4 Personen • Vorbereitung: 15 Minuten • Garzeit: etwa 30 Minuten

4 Pormonier-Würste (ersatzweise mit Kräutern gewürzte Brühwürste) • 200 g Tomme blanche (Frischkäse) • 4 große Kartoffeln • 3 EL Erdnussöl • 1 großzügiger EL Weißweinessig • 1 Prise feiner Zucker • 1 Frisée-Salat (oder Batavia) • 150 g Feldsalat • 1 Knoblauchzehe • Grobes und feines Salz, Pfeffer aus der Mühle

Die Kartoffeln abbürsten und 30 Minuten in Salzwasser garen.

Aus Öl, Essig, Zucker, Salz und Pfeffer eine Vinaigrette zubereiten. Den Frisée- und den Feldsalat putzen, waschen und gründlich abtropfen lassen. Die Knoblauchzehe schälen, halbieren, entkeimen und fein gehackt unter die Vinaigrette rühren.

Die Würste in einer Kasserolle mit kaltem Wasser bedecken, zum Sieden bringen und 6 Minuten ziehen lassen. Den Frischkäse mit grobem Salz bestreuen; den Salat in der Vinaigrette wenden.

Die heißen Würste zusammen mit dem Käse, den Pellkartoffeln und dem Salat servieren.

Feldsalat lässt sich am besten in lauwarmem Wasser vom Sand befreien. Anschließend in Eiswasser „erfrischen", um seine Struktur wieder zu kräftigen.

Birnen „Touronde“

poires touronde

Ein Dessert wird nach der Mahlzeit serviert, nachdem der Tisch abgeräumt *(desservie)* ist. Auf dem Land bestand der „Nachtisch“ lange Zeit aus eingemachtem oder frischem Obst. Diese gebackenen Birnen sind ein klassisches Beispiel.

Für 4 Personen • Vorbereitung: 10 Minuten • Garzeit: etwa 20 Minuten

800 g festfleischige Birnen • 80 g feiner Zucker • 50 g Butter • 300 ml Crème fraîche

Den Ofen auf 220 °C vorheizen.

Die Birnen schälen, vierteln und das Kerngehäuse entfernen. Die Früchte in eine großzügig gebutterte Auflaufform setzen und mit dem Zucker bestreuen. Einige Butterflocken darüber verteilen und im Ofen 15 Minuten backen.

Die Birnen aus dem Ofen nehmen, mit der Crème fraîche überziehen und weitere 5 Minuten backen. Lauwarm servieren.

Wählen Sie eine nicht zu große Form: Die Birnen sollten sie gut füllen und sich nicht etwa darin verlieren.

Apfelsalat à la Grivette

pommes à la grivette

Diese köstliche Apfelspeise ist nicht nur ein sehr erfrischendes Dessert. Am Morgen genossen, galt sie als unfehlbares Mittel für einen rosigen, jugendlich frischen Teint.

Für 4 Personen • Vorbereitung: 5 Minuten • Kühlzeit: 30 Minuten

2 schöne Äpfel • 300 ml Buttermilch • 2–3 EL feiner Zucker

Die Äpfel waschen und abtrocknen. Mit einem Apfelausstecher die Kerngehäuse entfernen. Die Früchte auf einer Käse- oder Gemüsereibe grob reiben oder in schmale Stifte schneiden. Die geriebenen Äpfel mit der Buttermilch und dem Zucker vermengen.

Die Mischung 30 Minuten im Kühlschrank kalt stellen und gut gekühlt servieren.

1 Prise Zimt oder 1 Esslöffel Calvados verleihen diesem Dessert eine gewisse Extravaganz.

Äpfel in Cidre

pommes au cidre

Da man früher nichts verkommen ließ, trocknete man die Apfelschalen im Ofen, um sie am Abend für einen heißen Aufguss zu verwenden. Dieses Rezept aus dem Calvados sollte das Einschlafen erleichtern. Man empfahl es auch Rheumatikern.

Für 4 Personen

Vorbereitung: 10 Minuten

Garzeit: etwa 25 Minuten

4 Äpfel

40 g Butter

1 EL Honig

250 ml Cidre

2–3 gestrichene EL feiner Zucker

Den Ofen auf 180 °C vorheizen.

Die Äpfel mit einem Ausstecher entkernen, schälen und in der Mitte quer halbieren. Die Apfelhälften in eine gut ausgebutterte Auflaufform setzen, je 1 Butterflöckchen in die ausgehöhlte Mitte stecken und etwas Honig darüber verteilen. Den Cidre zugießen und die Äpfel im Ofen 15–20 Minuten backen.

Den Gargrad der Äpfel regelmäßig durch Einstechen mit einer Messerspitze überprüfen. Sobald sich die Äpfel fast ohne Widerstand einstechen lassen, mit dem Zucker bestreuen. Noch weitere 5 Minuten garen, bis der Zucker leicht karamellisiert ist.

Die Äpfel aus der Form nehmen und die Garflüssigkeit in einer Kasserolle bei großer Hitze auf eine sirupartige Konsistenz einkochen.

Die Äpfel wieder in die Form setzen, mit dem Cidre-Sirup überziehen und sofort servieren.

Anstelle herkömmlicher Butter kann man auch gesalzene Butter nehmen. Sie harmoniert wunderbar sowohl mit den Äpfeln als auch mit dem Honig.

Apfelpfannkuchen

crapiaux aux pommes

Diese Verwandten der Crêpes, die an deutsche Apfelküchlein erinnern, wurden früher mit Schweineschmalz über dem offenen Feuer gebacken. Man genoss sie zu jeder Tageszeit zusammen mit einem Glas Aligoté (Weißwein aus dem Burgund).

Für 4 Personen
Vorbereitung: 20 Minuten
Garzeit: etwa 10 Minuten
Ruhezeit: 2 Stunden

250 g Mehl
500 ml Milch
4 Eier
100 g feiner Zucker
1 Prise Salz
4 Äpfel (vorzugsweise Reinette)
4 EL Rum oder Calvados
50 g Butter

Zunächst den Crêpeteig zubereiten: In einer Schüssel Eier, 200 g Mehl, Milch, 50 g feinen Zucker und die Prise Salz zu einem glatten Teig verrühren und 2 Stunden bei Zimmertemperatur ruhen lassen.

Die Äpfel schälen, vierteln, entkernen und anschließend in dünne Scheiben schneiden. Die Apfelscheiben in einer Schüssel mit dem restlichen Zucker bestreuen, mit dem Rum oder Calvados beträufeln und 15 Minuten marinieren lassen.

Die marinierten Apfelscheiben unter den Crêpeteig heben. In einer Pfanne ein Stück Butter zerlassen, 1/3 Suppenkelle Teig einfüllen und von jeder Seite mindestens 1 Minute backen. Auf diese Weise sämtlichen Teig nach und nach zu Crêpes verarbeiten. Die Apfelcrêpes auf Tellern mit Zucker bestreut servieren.

Der Crêpeteig darf nicht zu dünnflüssig sein. Zur Probe eine Kelle in den Teig eintauchen und anschließend mit dem Finger über die Rückseite fahren. Der Teig hat die richtige Konsistenz, wenn eine deutlich sichtbare Spur zurückbleibt.

Erdbeeren in Rotwein

salade de fraises au vin

Erdbeeren in Rotwein kennt man heute wie ehedem. In Vergessenheit geraten ist allerdings, wie man sie früher zubereitete. Eine Kunst, die es mit Früchten allerbester Qualität wieder zu entdecken gilt!

Für 4 Personen • Vorbereitung: 10 Minuten • Kühlzeit: 1 Stunde

750 g große Erdbeeren • 150 ml Rotwein • Feiner Zucker • Saft von 1 Zitrone • Pfeffer aus der Mühle

Die Erdbeeren waschen, entstielen und vierteln. Die Früchte in eine Schüssel geben und nach und nach in kleinen Mengen vorsichtig den Wein, Zucker und Zitronensaft untermengen, bis die Erdbeeren sich ganz und gar voll gesogen haben. Im Kühlschrank 1 Stunde durchziehen lassen.

Kurz vor dem Servieren mit einem Hauch frisch gemahlenem Pfeffer würzen.

Sind die Erdbeeren vom Vortag, legt man sie in eine große, mit einem Tuch ausgekleidete Form. Dann schlägt man das Tuch über die Erdbeeren und stellt sie über Nacht in den Kühlschrank. So vermeidet man, dass die Früchte in ihrem eigenen Saft liegen und weich werden.

Die geviertelten Erdbeeren nehmen den Wein besser auf als die ganzen Früchte, außerdem wirken sie angerichtet voluminöser.

Halten Sie sich möglichst exakt an die angegebene Marinierzeit: Ist sie zu kurz, haben die Früchte zu wenig Zeit, sich voll zu saugen, marinieren sie zu lange, „garen" sie in dem Zucker und werden matschig.

Der Pfeffer unterstreicht wunderbar das Aroma der Erdbeeren, vorausgesetzt natürlich, man würzt mit sparsamer Hand.

Apfelterrine nach Art der Normandie

terrine normande de crêpes aux pommes

Terrinen aus Crêpes verdanken wir der Erfindungsgabe der Hausfrauen. Äpfel passen sehr gut zu dieser Art Süßspeise, ebenso Bananen.

Für 4 Personen

Vorbereitung: 40 Minuten

Garzeit: etwa 25 Minuten

Ruhezeit: 2 Stunden

Kühlzeit: 12 Stunden

200 g Butter
200 g Mehl
80 g feiner Zucker
1 Prise Salz
4 Eier
150 ml Vollmilch
800 g Äpfel (vorzugsweise Reinette)
1 EL Crème fraîche (nach Belieben)
1 Prise gemahlener Zimt
4 EL Calvados

Am Vortag den Crêpeteig zubereiten: 100 g der Butter erhitzen und langsam goldbraun werden lassen. In einer Schüssel das Mehl, 30 g Zucker und das Salz vermengen. Nacheinander die Eier zugeben und sämtliche Zutaten zu einem glatten Teig verarbeiten. Die Milch, 200 ml Wasser und die braune Butter zugeben, gut verrühren und den Teig 2 Stunden bei Zimmertemperatur ruhen lassen.

Die Äpfel schälen, entkernen und in Stücke schneiden. In einer Kasserolle mit 3 Esslöffeln Wasser vermengen und zugedeckt auf kleiner Flamme etwa 10 Minuten garen. Nach Belieben die Crème fraîche zugeben und bei lebhafter Hitze unter ständigem Rühren zu einem sehr festen und trockenen Kompott einkochen lassen (sodass beim Anschneiden der Terrine nichts herausläuft). Die restlichen 50 g Zucker, den Zimt und den Calvados einrühren und kalt stellen.

Nach und nach die Crêpes in Butter so dünn wie möglich ausbacken. Eine große Terrinenform (etwa 26 cm lang) mit einer Crêpe so auslegen, dass sie über den Rand hinausragt. Eine Schicht Apfelkompott einfüllen, glatt streichen und mit einer weiteren Crêpe bedecken. Auf diese Weise fortfahren und zuoberst mit einer Schicht Kompott abschließen.

Die über den Rand hinausgehenden Crêpes über die Füllung schlagen, mit Frischhaltefolie bedecken und über Nacht in den Kühlschrank stellen.

Am folgenden Tag die Terrine in der Form oder vorsichtig auf eine Platte gestürzt servieren.

Zu der Terrine kann man eine Vanillesauce (crème anglaise, *Rezept S. 182*) *reichen oder eine zu gleichen Teilen mit Wasser und Calvados verdünnte und leicht erwärmte Aprikosenkonfitüre.*

Akazienblüten-Beignets

beignets de fleurs d'acacia

Diese Beignets haben nur im Mai und Juni Saison, wenn die Akazien blühen. Nach dem gleichen Prinzip kann man auch aus Holunderblüten Beignets zubereiten.

Für 4 Personen • Vorbereitung: 25 Minuten • Garzeit: etwa 10 Minuten • Kühlzeit: 2 Stunden

30 Trauben Akazienblüten • 300 ml Sahne • 150 ml Milch • 125 g Mehl • 60 ml Bier • 1 EL Butter • 1 Prise Salz • 4 EL Akazienhonig • 2 EL Weißweinessig • Pflanzenöl zum Frittieren • 2 Eiweiße • 2 EL Kandiszucker • 1 Spritzer Cognac

Ein Rührgefäß mit 2 Esslöffeln der Sahne in den Gefrierschrank stellen.

Die Akazienblüten mit 3 Esslöffeln der Milch beträufeln und zugedeckt etwa 2 Stunden im Kühlschrank weichen lassen. Zwischendurch die Blüten wenden.

Den Ausbackteig zubereiten: In einer Schüssel das Mehl, die restliche Milch, das Bier, die zerlassene Butter und das Salz zu einem glatten Teig verrühren und bei Zimmertemperatur quellen lassen.

Einen Coulis zubereiten: Den Akazienhonig erhitzen und ganz leicht karamellisieren lassen. Den Essig zugießen und die Mischung zu einem Sirup einkochen lassen. 250 ml Sahne zugeben und bei lebhafter Hitze um die Hälfte reduzieren, bis die Mischung schön sämig ist. Von der Kochstelle ziehen, falls nötig mit weiterem Essig oder Honig abschmecken und abkühlen lassen.

Die zurückbehaltene Sahne aus dem Gefrierschrank nehmen und steif schlagen. Das Frittieröl auf 170 °C erhitzen. Die Eiweiße sehr steif schlagen. Die Akazienblüten abtropfen lassen, entstielen und mit dem Kandiszucker bestreuen. Den Eischnee unter den Ausbackteig heben und mit einem Spritzer Cognac aromatisieren.

Die Akazienblüten einzeln durch den Ausbackteig ziehen und mithilfe eines kleinen Löffels in das heiße Öl gleiten lassen. Von jeder Seite 1 Minute ausbacken, mit einem Schaumlöffel herausheben und zum Abtropfen auf Küchenpapier legen. Auf diese Weise sämtliche Akazienblüten zu Beignets verarbeiten.

Das erkaltete Coulis pürieren und die steif geschlagene Sahne unterziehen. Mit den heißen Beignets servieren.

Zum Steifschlagen der Sahne sollten Sahne und Schüssel möglichst eiskalt sein. Man kann auch das Gefäß mit der Sahne in Eiswasser oder besser noch in zerstoßene Eiswürfel stellen.

Obstkuchen

battue aux fruits

Dieses sehr einfache Dessert wird aus den Früchten zubereitet, die man je nach Saison gerade zur Hand hat. Das Rezept stammt aus dem Quercy, einer historischen Landschaft, die ungefähr identisch mit dem heutigen Departement Lot ist.

Für 4 Personen • Vorbereitung: 20 Minuten • Garzeit: etwa 40 Minuten

700 g gemischte Früchte zu gleichen Anteilen (Aprikosen, Pfirsiche, Himbeeren, Kirschen) • 4 EL feiner Zucker • 1 Päckchen Vanillezucker • 1 Prise Salz • 3 Eier • 5 EL Mehl • 1/2 Päckchen Backpulver • 4 EL Erdnussöl • 2 EL Crème fraîche • 2 EL Kirschwasser (oder anderes Obstwasser) • 1 EL Butter

In einer Schüssel Zucker, Vanillezucker und Salz vermengen. Die Eier zugeben und alles zu einem glatten Teig verschlagen. 4 Esslöffel des durchgesiebten und mit dem Backpulver vermengten Mehls sowie das Öl, die Crème fraîche und das Kirschwasser unterrühren.

Den Ofen auf 180 °C vorheizen.

Die Früchte waschen, entstielen und entsteinen. Eine runde Kuchen- oder Springform gut ausbuttern und mit dem restlichen Mehl ausstreuen. Den Teig ein Drittel hoch einfüllen und im Ofen 5 Minuten backen.

Die Form herausnehmen, die Früchte auf der leicht gestockten Masse verteilen und den restlichen Teig einfüllen. Weitere 35 Minuten backen und darauf achten, dass die Oberfläche nicht zu dunkel wird. Nötigenfalls mit einem Stück Pergamentpapier abdecken.

Den Kuchen in der Form etwas abkühlen lassen und lauwarm servieren.

Durch die Verwendung von Erdnussöl anstelle von Butter wird der Kuchen leichter und bekömmlicher.

Wählen Sie gelbe Pfirsiche, sie sind fleischiger und geben beim Backen weniger Flüssigkeit ab als die weißen Exemplare. Bei Aprikosen und anderem Steinobst genügt es vollkommen, die Früchte zu halbieren.

Das Vorbacken des Teiges verhindert, dass die Früchte auf den Boden der Form sinken. Diese Methode ist praktikabler, als die Früchte mit Mehl zu bestäuben.

Arme Ritter

pain perdu d'alpage

Im Berry auch *pain virouné* und in der Picardie *pain ferré* genannt, war das *pain perdu* (verlorenes Brot) früher eine willkommene Möglichkeit, aus altbackenem Brot noch etwas Schmackhaftes zu machen.

Für 4 Personen • Vorbereitung: 10 Minuten • Garzeit: etwa 10 Minuten

4 Eier • 500 ml Vollmilch • 4 Scheiben altbackenes Bauernbrot • 100 g Butter • 3 EL Puderzucker • Salz, Pfeffer aus der Mühle

Die Eier in eine Schüssel schlagen, die Milch zugießen und mit einer Gabel verschlagen. Etwas salzen und pfeffern. Die Brotscheiben in der Eiermischung einweichen.

In einer großen Pfanne die Butter erhitzen. Sobald sie zu schäumen beginnt, das Brot einlegen und von jeder Seite 2 Minuten goldgelb backen.

Mit dem Puderzucker bestreuen und leicht karamellisieren lassen. Sofort servieren.

Puderzucker ist für dieses Dessert besser geeignet als der etwas grobkörnigere feine Zucker. Noch besser schmeckt er, wenn Sie ihn in einem Gefäß mit zwei aufgeschlitzten Vanilleschoten aufbewahren. Sie können die Armen Ritter auch mit Rum flambieren, allerdings verlieren sie dann etwas von ihrem ländlichen Charme.

Apfel-Pflaumenkuchen

tourtière aux pommes et aux pruneaux

Die Form *(tourtière)*, in der man Kuchen und Pasteten backte, war aus Kupfer oder Eisen, verhältnismäßig flach und mit einem Deckel versehen, dessen leicht erhöhter Rand die Glut von oben auffing.

Für 4 Personen

Vorbereitung: 30 Minuten

Garzeit: etwa 40 Minuten

350 g tiefgefrorener Blätterteig

1 EL Mehl

1 EL Butter

500 g Äpfel (vorzugsweise Reinette)

100 g feiner Zucker

1 großzügiger EL Honig

8 Pflaumen in Armagnac

1 Eigelb

Den Blätterteig auf einer bemehlten Arbeitsfläche in zwei gleich große Stücke teilen. Das eine Teigstück zu einem Kreis ausrollen, der etwas größer ist als eine 22-cm-Tarteform. Die gebutterte Form mit dem Teigkreis auslegen. Das zweite Teigstück ebenfalls zu einem Kreis mit etwas größerem Durchmesser ausrollen. Im Kühlschrank 30 Minuten ruhen lassen.

Die Äpfel schälen, halbieren und entkernen. Das Fruchtfleisch auf einer Gemüseraspel reiben und in einer Kasserolle mit dem Zucker, dem Honig und 2 Esslöffeln Wasser vermengen. Auf kleiner Flamme unter Rühren 10 Minuten garen und abkühlen lassen. Die Pflaumen entsteinen und unter die Apfelmischung rühren.

Den Ofen auf 210 °C vorheizen. Die Apfel-Pflaumen-Mischung in die vorbereitete Form geben und mit dem zweiten Teigkreis bedecken. Den Rand etwas befeuchten und zum Versiegeln mit den Fingern zusammendrücken. Das Eigelb mit 2 Tropfen Wasser verschlagen und den Teigdeckel damit bestreichen.

Den Kuchen im Ofen etwa 20 Minuten backen. Die Temperatur auf 180 °C herunterstellen und weitere 10 Minuten backen. Lauwarm servieren.

Verwenden Sie für den Kuchen vorzugsweise Akazienhonig, er hat ein feineres Aroma als viele andere Sorten.

Man sollte diesen sehr flachen Kuchen nicht mit dem Messer aufschneiden, das würde ihn nur zerbröseln. Hier empfiehlt sich eine altbewährte Methode unserer Großmütter: Sie griffen bei dieser Art von Kuchen – wie bei der traditionellen galette des Rois *(Königskuchen zum Dreikönigstag) – zu einer großen Schere.*

Grießkuchen mit Rosinen und Walnüssen

tarte de semoule aux raisins et cerneaux de noix

Aus den heutigen Süßspeisen ist der Grieß fast vollständig verschwunden – man bevorzugt Reis. Früher stand er hoch im Kurs, vor allem bei Kränzen, Cremes und Soufflés.

Für 4 Personen • Vorbereitung: 40 Minuten • Garzeit: etwa 40 Minuten • Einweichzeit: 12 Stunden

300 g süßer Mürbeteig (Rezept S. 7) • 1 EL Mehl • 75 g Butter • 1 Hand voll Korinthen • Rum (nach Belieben) • 500 ml Milch • 75 g feiner Zucker • 100 g feiner Grieß • 1 Prise Salz • 3 Eier • 20 Walnusskerne • 50 g Rohrzucker

Am Vortag die Korinthen in lauwarmem Wasser und nach Belieben mit etwas Rum einweichen und über Nacht quellen lassen.

Am folgenden Tag den Mürbeteig auf der bemehlten Arbeitsfläche so dünn wie möglich ausrollen. Eine gebutterte und mit Mehl bestäubte 22-cm-Tarteform damit auskleiden und im Kühlschrank 30 Minuten ruhen lassen.

In einer großen Kasserolle die Milch mit dem feinen Zucker zum Kochen bringen. Unter Rühren den Grieß einstreuen, 50 g Butter und das Salz zugeben und nach der Packungsanleitung garen.

Den Grieß von der Kochstelle ziehen und mit einem Holzlöffel kräftig durchrühren, damit er schneller abkühlt. Sobald der Grieß noch lauwarm ist, zunächst die Eier unterschlagen und dann die grob gehackten Walnusskerne und die gut abgetropften Korinthen unterziehen.

Den Ofen auf 180 °C vorheizen.

Den Teigboden mit einer Gabel mehrmals einstechen, mit Alufolie auskleiden und mit getrockneten Bohnen oder Erbsen beschweren. Den Teig im Ofen 10 Minuten blindbacken.

Die Bohnen und die Alufolie entfernen und den Grieß einfüllen. Weitere 30–40 Minuten backen.

Den Grießkuchen mit Rohrzucker bestreuen, unter dem Backofengrill karamellisieren lassen und warm servieren.

Verwenden Sie zum Blindbacken getrocknete Hülsenfrüchte (Linsen, Erbsen oder Bohnen) oder besser noch kleine runde Kieselsteine.

Milchkonfitüre

confiture de lait

Beinahe vollständig in Vergessenheit geraten, erfreut sich die Milchkonfitüre heute wieder zunehmender Beliebtheit. Auf ebenso leichte Weise lässt sich übrigens auch Weinkonfitüre herstellen. Die Konfitüre hält sich einige Wochen im Kühlschrank.

Für 4 Personen • Vorbereitung: 20 Minuten • Garzeit: etwa 2 Stunden 15 Minuten • Ruhezeit: 8 Tage

1 l Vollmilch • 1 Vanilleschote • 500 g feiner Zucker

Die Milch in eine große Kasserolle gießen. Das mit der Messerspitze herausgeschabte Vanillemark mit der Schote und dem Zucker in die Milch geben und ganz langsam zum Kochen bringen. Dabei ständig behutsam mit einem Holzspatel umrühren. Die Milch 2 Stunden unter gelegentlichem Umrühren leise köcheln lassen.

Kurz vor Ende der Garzeit, wenn die Mischung dick zu werden beginnt, wieder häufiger umrühren. Die Vanilleschote herausnehmen. Sobald die Konfitüre eine sämige, saucenähnliche Konsistenz bekommt, ununterbrochen rühren.

Die Konfitüre ist fertig, wenn sie die Konsistenz einer Béchamelsauce und die Farbe von hellem Karamell angenommen hat. In Gläser füllen und vor dem Verzehr 8 Tage an einem kalten Ort ruhen lassen.

Man kann Milchkonfitüre auch aus einer Dose süßer Kondensmilch zubereiten: Einen Schnellkochtopf zu einem Drittel mit Wasser füllen, die Dose einsetzen und unter Dampfdruck 1 Stunde kochen lassen. Vorsicht: Die Dose muss vor dem Öffnen vollständig abgekühlt sein.

Backpflaumen-Auflauf

pachade

Die aus dem Südwesten Frankreichs stammende *pachade* erinnert an das *clafoutis* (mit Kirschen) aus dem Limousin und zählt zu den ganz unkomplizierten Desserts, die man unabhängig von jeder Saison zubereiten kann.

Für 4 Personen • Vorbereitung: 10 Minuten • Garzeit: etwa 40 Minuten • Marinierzeit: 12 Stunden

200 g Backpflaumen • 100 ml Armagnac (nach Belieben) • 4 Eier • 4 EL feiner Zucker • 4 EL Mehl • 100 ml Vollmilch • 2 EL Crème fraîche • 1 EL Butter

Am Vortag die Pflaumen in lauwarmem Wasser einweichen. Nach Belieben den Armagnac zugeben und über Nacht marinieren lassen.

Am folgenden Tag den Ofen auf 180 °C vorheizen.

Die Eier mit dem Zucker glatt schlagen und das durchgesiebte Mehl einarbeiten. Die Milch und die Crème fraîche unterrühren.

Eine Gratinform großzügig ausbuttern und die abgetropften, entsteinten Pflaumen darin verteilen. Mit der Eiercreme bedecken und im Ofen etwa 30 Minuten backen. Warm servieren.

Es ist nicht nötig, die Eier-Zucker-Mischung so lange schaumig zu schlagen, bis sie fast weiß ist und Bänder zieht.

Birnenkuchen

gargouillau de poires

Französische Kuchennamen wären ein linguistisches Seminar wert! Da gibt es allein im Burgund den *piquenchâgene* (Birnenkuchen), den *gargouillau* und die *pompe aux pommes* (ein vor allem an Festtagen beliebter Apfelkuchen).

Für 4 Personen • Vorbereitung: 15 Minuten • Garzeit: etwa 25 Minuten

50 g extrafeiner Zucker • 4 Eigelbe • 50 g Mehl • 300 ml Vollmilch • 1 Prise Salz • 3 EL Birnengeist (nach Belieben) • 4 Birnen • 1 walnussgroßes Stück Butter

Den Zucker mit den Eigelben schaumig schlagen, bis die Masse weiß und glatt ist. Das Mehl nach und nach einstreuen, die Milch unterrühren und 1 Prise Salz zugeben. Nach Belieben mit dem Birnengeist aromatisieren.

Den Ofen auf 210 °C vorheizen.

Die Birnen schälen, entkernen und in runde, etwa 2 cm dicke Scheiben schneiden.

Die Eiermasse in eine gebutterte Gratinform füllen und glatt streichen. Die Birnenscheiben leicht überlappend einlegen und den Kuchen im Ofen 20–30 Minuten backen. Warm servieren.

Bei dieser Art von Kuchen und Desserts gibt eine Prise Salz den letzten Schliff. Es ist das berühmte, in den Kochbüchern der Vorkriegszeit allgegenwärtige „grain de sel" (Salzkorn), woher auch der französische Ausdruck „mettre son grain de sel" stammt. So wurde jemand bezeichnet, der zu allem sein „Salz" (seinen Senf) dazugeben muss.

Man kann die Birnen natürlich auch vierteln und dann in Scheiben schneiden.

Apfel-Quitten-Kompott

compote de pommes et de coings

Früher war Kompott im wörtlichen Sinn eine „Komposition", das heißt eine Zusammensetzung aus verschiedenen Zutaten, ob nun gesalzen (in Essig eingemachtes Fleisch oder Fisch) oder gezuckert (in Wein, Zucker oder Honig eingemachtes Obst).

Für 4 Personen

Vorbereitung: 15 Minuten

Garzeit: 20 Minuten

2 Quitten

2 EL feiner Zucker

6 Äpfel

Die Quitten schälen, vierteln und entkernen. Die Früchte mit dem Zucker in eine Kasserolle geben, mit Wasser bedecken und zugedeckt auf kleiner Flamme köcheln lassen. Den Gargrad regelmäßig durch Einstechen mit einer Messerspitze prüfen.

Die Äpfel schälen, entkernen, vierteln und in Stücke schneiden. Die Apfelstücke in einer Kasserolle mit 2 Esslöffeln Wasser zugedeckt auf kleiner Flamme etwa 10 Minuten garen. Etwas abkühlen lassen.

Sobald die Quitten gar sind, die Früchte mit einem Schaumlöffel herausheben, zu den Äpfeln geben und vermengen.

Die Garflüssigkeit der Quitten bei großer Hitze auf eine sirupartige Konsistenz einkochen lassen.

Das noch warme Apfel-Quitten-Kompott auf Tellern anrichten, mit dem Quittensirup überziehen und servieren.

Die Äpfel bewahren am besten ihr Aroma, wenn man beim Garen keinen Zucker zugibt. Es ist unmöglich, für Quitten eine genaue Garzeit anzugeben. Daher sollte man ihren Gargrad regelmäßig mit einer Messerspitze kontrollieren.
Man kann dieses Kompott mit Zimt und Nelken würzen.

Gebackene Äpfel

pommes au four

Der Apfel, lateinisch *pomum* (die Frucht), ist schon im Europa der Vorzeit nachzuweisen und daher tatsächlich die Frucht an sich. Es ist also kein Wunder, dass man ihn in zahllosen Desserts findet. Dieses Rezept trägt die Handschrift des Kochs und Autors Benoît Perrat, der ihn in modernem Gewand präsentiert.

Für 4 Personen • Vorbereitung: 10 Minuten • Garzeit: etwa 30 Minuten

4 Äpfel (vorzugsweise Reinette oder Calville) • 50 g Butter • 4 EL feiner Zucker • Schale von 1 unbehandelten Zitrone • 1 TL Mehl • 250 ml Crème fraîche • 3 Eigelbe • 1 kleine Prise Salz

Den Ofen auf 180 °C vorheizen.

Die Äpfel mit einem Ausstecher entkernen, schälen und halbieren.

Eine Auflaufform ausbuttern, die Apfelhälften hineinsetzen und mit 1 Esslöffel Zucker bestreuen. Die Butter in Flöckchen darauf verteilen. Anschließend im Ofen etwa 20 Minuten backen.

Die Zitronenschale sehr fein hacken. Das Mehl mit der Crème fraîche verrühren. 2 Esslöffel Zucker, die Eigelbe, die gehackte Zitronenschale und das Salz unterrühren. Den Gargrad der Äpfel durch Einstechen mit einer Messerspitze prüfen. Wenn sie fast gar sind, mit der Eiercreme übergießen.

Im Ofen weitere 10 Minuten backen, bis die Creme gestockt ist. Mit dem restlichen Zucker bestreuen und unter dem Backofengrill 3 Minuten karamellisieren lassen. Die überbackenen Äpfel schmecken sowohl heiß als auch kalt.

Wenn Sie 1 Esslöffel Wasser in die Form geben, verhindern Sie, dass die Äpfel austrocknen. Man kann sie auch mit einem Stück gebutterten Pergamentpapier bedecken.

Gebackene Pfirsiche in Cassis

pêches au four, au cassis

In der Mitte des 19. Jahrhunderts erfand ein Likörhersteller aus Dijon die „Crème de Cassis", einen Johannisbeerlikör, der im Frankreich der Nachkriegszeit als Aperitif „Kir" zu großem Ruhm gelangte und später in Deutschland durch eine Fernsehserie („Kir Royal") populär wurde.

Für 4 Personen • Vorbereitung: 15 Minuten • Garzeit: etwa 40 Minuten • Marinierzeit: 12 Stunden • Kühlzeit: 2 Stunden

750 ml Rotwein • 1 Zimtstange • 4 große Pfirsiche (oder 8 mittelgroße) • 2 EL Butter • 150 g tiefgefrorene Schwarze Johannisbeeren • 200 ml Crème de Cassis (Schwarzer Johannisbeerlikör) • 2 EL feiner Zucker

Am Vortag den Rotwein mit der Zimtstange zum Kochen bringen, 10 Minuten kochen lassen und abseits der Kochstelle zugedeckt 20 Minuten ziehen lassen.

Die Pfirsiche 30 Sekunden in kochendem Wasser blanchieren, sofort unter fließendem Wasser kalt abschrecken und schälen. Die Früchte in eine ausreichend große Kasserolle geben, sodass sie nicht zerdrückt werden.

Die Pfirsiche mit dem aromatisierten Rotwein übergießen; die Zimtstange entfernen. Die Früchte mit Frischhaltefolie bedecken und über Nacht im Kühlschrank durchziehen lassen.

Am folgenden Tag den Ofen auf 180 °C vorheizen. In einer Auflaufform Butterflocken und Schwarze Johannisbeeren verteilen. Die Pfirsiche einsetzen und mit dem Cassis und 200 ml des gewürzten Weins übergießen.

Im Ofen 30 Minuten backen. Dabei regelmäßig mit dem Saft überziehen.

Den restlichen Wein mit den 2 Esslöffeln Zucker bei großer Hitze auf eine sirupartige Konsistenz einkochen lassen. Die Pfirsiche vorsichtig aus der Form heben und 2 Stunden kalt stellen.

Die Garflüssigkeit und die Johannisbeeren in den reduzierten Wein geben und verrühren. Die Pfirsiche mit der Sauce überziehen und servieren.

Schneiden Sie die Zimtstange der Länge nach durch, damit der Zimt sein Aroma voll entfalten kann.
Die Johannisbeeren müssen vor der Verarbeitung nicht aufgetaut werden. Tiefgefroren bewahren sie besser ihr Aroma und ihre Farbe.

Tartouillat mit Kirschen im Kohlblatt

tartouillat des moissonneurs aux cerises, en feuille de chou

„Tartouiller" bedeutet so viel wie umrühren („touiller"). Die Besonderheit dieser Süßspeise, die dem *milliat* aus dem Périgord und dem *clafoutis* aus dem Limousin ähnelt, besteht darin, dass Kohlblätter als individuelle Backformen dienen.

Für 4 Personen • Vorbereitung: 40 Minuten • Garzeit: etwa 25 Minuten • Ruhezeit: 1 Stunde

300 g Sauerkirschen (Montmorency) • 1 Vanilleschote • 500 ml Milch • 75 g Mehl • 1/2 Päckchen Backpulver • 170 g feiner Zucker • 5 Eigelbe • 35 g Butter • 2 EL Kirschwasser • 4 schöne, große Kohlblätter

Die Kirschen waschen und entstielen. Die Vanilleschote der Länge nach aufschlitzen, das Mark herauskratzen und mit 200 ml der Milch verrühren (die Vanilleschote zurückbehalten).

In einer Schüssel das Mehl mit 70 g des Zuckers und dem Backpulver vermengen. In der Mitte eine Mulde bilden und 2 Eigelbe hineingeben. Mit einem Rührlöffel vorsichtig vermengen und dabei nach und nach die Vanillemilch einarbeiten. Das Kirschwasser zugeben, die Kirschen unterheben und den Teig 1 Stunde ruhen lassen.

Die *crème anglaise* (Vanillesauce) zubereiten: In einer Schüssel die restlichen 3 Eigelbe mit den restlichen 100 g Zucker schaumig schlagen, bis die Masse weiß wird und Bänder zieht (wenn man den Rührbesen aus der Masse heraushebt, bildet sich ein Band, das als Spitze stehen bleibt). Die verbliebene Milch mit der ausgekratzten Vanilleschote zum Kochen bringen. Etwas heiße Milch in die Eiermasse gießen und verrühren. Die Mischung zurück in die Milch gießen und 2 Minuten mit einem Holzlöffel verrühren.

Die *crème anglaise* sofort in eine Schüssel umfüllen, die Vanilleschote entfernen und die Creme kräftig durchschlagen, damit sie schneller abkühlt.

Das Backblech aus dem Ofen nehmen und das Gerät auf 210 °C vorheizen.

Die Butter zerlassen; die Kohlblätter waschen, gründlich abtrocknen und sorgfältig mit der Butter einpinseln. Die Blätter auf das Blech legen und jeweils 3–4 Löffel Teig einfüllen. Im Ofen 20 Minuten backen.

Die *tartouillats* aus dem Ofen nehmen und vor dem Servieren 1 Stunde ruhen lassen. Die *crème anglaise* in einer Sauciere dazu reichen.

Natürlich können Sie die Kirschen auch entsteinen. Dieses klassische Dessert lässt sich ebenso mit Birnen oder Äpfeln zubereiten und mit Rum aromatisieren.
Die crème anglaise *ist eine modernisierte Version des Originalrezeptes. Achten Sie darauf, dass keine Klümpchen im Teig zurückbleiben. Passieren Sie ihn gegebenenfalls durch ein feines Sieb.*

Omelett mit Konfitüre

omelette aux confitures

Für dieses Omelett wird die Konfitüre mit Eau de Vie vermengt, was sogleich an die *confiture du vieux garçon* denken lässt, eine Art Herrenkonfitüre, bei der das Aroma der Früchte durch den entsprechenden Obstbrand intensiviert wurde, bevor man sie in Gläser abfüllte.

Für 4 Personen

Vorbereitung: 5 Minuten

Garzeit: etwa 5 Minuten

100 g Konfitüre einer beliebigen Fruchtsorte

2 EL Eau de Vie einer Sorte nach Wahl

7 Eier

1 TL feiner Zucker

1 kleine Prise Salz

50 g Butter

1 EL Puderzucker

Die Konfitüre mit dem Eau de Vie verrühren. Die Eier in eine Schüssel schlagen, den feinen Zucker und das Salz zugeben und mit einer Gabel kurz verschlagen.

In einer Pfanne die Butter erhitzen. Sobald sie zu schäumen beginnt, die Eiermasse hineingeben und backen, bis sie im Innern zu stocken beginnt; die Oberfläche des Omeletts sollte noch weich und nicht durchgebacken sein.

Das Omelett mit der Konfitüre bestreichen und zusammenklappen. Mit dem Puderzucker bestreuen und sofort servieren.

Variieren Sie die Aromen je nach der verwendeten Fruchtsorte. Zur Kirschkonfitüre passt natürlich Kirschwasser, Erdbeeren lassen sich mit Rotwein kombinieren, Orangenmarmelade mit Grand Marnier, Birnenkonfitüre mit Birnengeist.

Quarkkuchen

caillade

Die *caillade* hat ihren Namen von der *lait caillé* (Dickmilch, Sauermilch) und einem gleichnamigen Kuhmilchkäse aus dem Limousin, der zuweilen in frischem Heu gereift wird. Wegen seiner cremigen Milde wird hier Quark verwendet.

Für 4 Personen • Vorbereitung: 10 Minuten • Garzeit: etwa 45 Minuten

4 Eier • 200 g feiner Zucker • 200 g Mehl • 1/2 Päckchen Backpulver • 150 ml Milch • 2 großzügige EL Crème fraîche • 200 g Quark (40 Prozent Fett) • 1 EL Butter

✻ Den Ofen auf 150 °C vorheizen.

✻ Die Eier mit dem Zucker verschlagen, bis die Masse glatt ist. Das mit dem Backpulver vermengte Mehl einarbeiten, dann die Milch, die Crème fraîche und den durch ein feines Sieb gestrichenen Quark zugeben und gründlich vermengen.

✻ Den Teig in eine großzügig ausgebutterte Kuchen- oder Springform füllen und im Ofen etwa 45 Minuten backen. Aus dem Ofen nehmen.

✻ Die *caillade* warm und nach Belieben mit einem roten Fruchtcoulis servieren.

✻ *Man kann dem Teig auch ein Stück Zucker zufügen, das man zuvor an einer Limette reibt, mit etwas Wasser benetzt und dann zerkrümelt. Limette harmoniert wunderbar mit Quark.*

Mengenangaben

Bei den meisten Rezepten sind die Mengen zur leichteren Handhabung und bequemeren Dosierung nicht in Gramm, sondern in Esslöffeln bzw. Teelöffeln angegeben. Damit Sie die Mengen schnell umrechnen können, hier eine Liste von Grundzutaten und ihrem durchschnittlichen Gewicht pro Ess- und Teelöffel.

GESTRICHENE LÖFFEL

Butter – Teelöffel: 4 g; Esslöffel: 12 g

Wasser – Teelöffel: 5 g; Esslöffel: 18 g

Mehl – Teelöffel: 5 g; Esslöffel: 15 g

Öl – Teelöffel: 5 g; Esslöffel: 16 g

Honig – Teelöffel: 5 g; Esslöffel: 18 g

Salz – Teelöffel: 5 g; Esslöffel: 15 g

Zucker – Teelöffel: 5 g; Esslöffel: 15 g

GEHÄUFTE LÖFFEL

Butter – Teelöffel: 9 g; Esslöffel: 22 g

Salz – Teelöffel: 9 g; Esslöffel: 25 g

Zucker – Teelöffel: 9 g; Esslöffel: 25 g

Bei den angegebenen Löffelmengen handelt es sich immer um „gehäufte" Löffel, sofern sie nicht extra als „gestrichene" Löffel ausgewiesen sind. Dies gilt bis auf einige Ausnahmen aber nicht für die Desserts. Die Patisserie erfordert häufig exaktere Angaben, da die benötigten Mengen an Butter, Mehl etc. größer sind als bei anderen Speisen. Zwischen einem gestrichenen und einem gehäuften Esslöffel Butter liegen maximal 4 g, doch bei 10 Esslöffeln addiert sich der Unterschied zu einer erheblichen Menge. Daher empfiehlt es sich, die Zutaten zu wiegen.

Die meisten Gerichte der ländlichen Küche wie *daube* (Schmorbraten) oder die verschiedenen Tartes schmecken aufgewärmt oder kalt nicht weniger gut, oft noch besser.

Die Öl- und Essigmengen für Vinaigrette sind bewusst nicht angegeben. Man rechnet etwa 1 Esslöffel Weinessig auf 3 Esslöffel Öl. Dieser grobe Richtwert variiert allerdings je nach der Qualität des Essigs und dem individuellen Geschmack. Wenn Sie Ihr persönliches Mischungsverhältnis ermittelt haben, bereiten Sie am besten gleich eine größere Menge Vinaigrette zu (250 ml oder 500 ml), die Sie in eine Flasche gefüllt im Kühlschrank aufbewahren. Vor jedem Gebrauch die Flasche kräftig schütteln.

Garzeiten

Die angegebenen Garzeiten sind lediglich Richtwerte zur Orientierung. Sie können je nach Qualität, Frische und Größe der Produkte, aber auch nach Heizart und Heizeigenschaften von Herd und Ofen abweichen. Daher ist es unerlässlich, den Gargrad der Speisen regelmäßig zu kontrollieren. Zur Orientierung hier einige ungefähre Garzeiten:

FLEISCH

Bei dunklem Fleisch empfiehlt es sich, die Garzeit um etwa 5 Minuten zu verringern, das Fleisch in Alufolie zu wickeln und etwa 15 Minuten ruhen zu lassen. So können sich die Fasern entspannen, und das Fleisch bleibt saftig.

Lamm
Karree (1,2 kg): etwa 25 Minuten bei 240 °C
Schulter (1,7 kg): etwa 45 Minuten zunächst bei 240 °C, nach der Hälfte der Garzeit die Temperatur auf 210 °C reduzieren
Keule (1,6 kg): etwa 1 Stunde zunächst bei 240 °C, nach der Hälfte der Garzeit die Temperatur auf 210 °C reduzieren

Rind Braten (1 kg): etwa 25 Minuten bei 240 °C

Kalb
Kotelettstück (1,2 kg): etwa 1 Stunde 30 Minuten bei 210 °C
Hachse: etwa 2 Stunden bei 210 °C

Schwein
Braten (1,2 kg): etwa 1 Stunde 30 Minuten bei 210 °C
Schulter (1,5 kg): etwa 1 Stunde 30 Minuten bei 210 °C
Eisbein (1,5 kg): etwa 2 Stunden bei 210 °C

GEFLÜGEL

Ente/Huhn: 1 Stunde 30 Minuten zunächst bei 240 °C, nach 10 Minuten die Temperatur auf 210 °C reduzieren
Gans: etwa 2 Stunden 30 Minuten bei 240 °C
Pute: etwa 2 Stunden 30 Minuten zunächst bei 240 °C, nach der Hälfte der Garzeit die Temperatur auf 210 °C reduzieren

WILDGEFLÜGEL

Wachtel, Rebhuhn, Fasan, Taube: etwa 45 Minuten bei 210 °C

GEMÜSE

Court Bouillon: 20 Minuten, nicht länger, leise köcheln lassen – nicht sprudelnd kochen

Artischocken: 30–35 Minuten
Blumenkohlröschen: etwa 15 Minuten
Erbsen: etwa 15 Minuten
Gartenkürbis (in Stücke geschnitten): etwa 15 Minuten
Grüne Bohnen: 10–15 Minuten, je nach Dicke
Kartoffeln: etwa 25 Minuten
Lauch: etwa 35 Minuten
Mangold: etwa 15 Minuten
Möhren: etwa 45 Minuten
Rosenkohl: etwa 15 Minuten
Schwarzwurzeln: etwa 35 Minuten
Spargel: 12–18 Minuten, je nach Dicke
Spinat: etwa 5 Minuten
Weiße Bohnen, frisch: etwa 40 Minuten
Wirsing- und Rotkohl (in Streifen geschnitten): etwa 10 Minuten

HÜLSENFRÜCHTE

Kichererbsen: etwa 2 Stunden
Linsen: etwa 1 Stunde
Trockenerbsen: etwa 2 Stunden
Weiße Bohnen: etwa 1 Stunde

Register

Akazienblüten-Beignets 165
Äpfel in Cidre 160
Apfelpfannkuchen 161
Apfel-Pflaumenkuchen 170
Apfel-Quitten-Kompott 177
Apfelsalat à la Grivette 158
Apfelterrine nach Art der Normandie 164
„Arme Ritter" 168

Backpflaumen-Auflauf 175
Birnen „Touronde" 156
Birnenkuchen 176
Bratkartoffeln mit Reblochon 76

Crêpes mit Spinat und Speck 60

Enten-Confit mit Sauerampfer 119
Erdbeeren in Rotwein 162

„Fliegensuppe" 15
Forelle im Kohlmantel 94
Frittierte Eier mit Tomatensauce 71

Gebackene Äpfel 178
Gebackene Pfirsiche in Cassis 181
Gebackener Reblochon 86
Gefüllte Paprika mit Tomatensauce 64
Gefüllter Kalbsrücken 125
Gegrillte Schweinesteaks mit Lauchpüree 128
Gemüse-Flan 56
Gemüsesuppe mit Rahm 14
Gepökelte Schweineschulter mit weißen Rüben in Cidre 148
Geschmorte Möhren mit Maronen 62
Geschmortes Rindfleisch mit Sardellen 143
Gratin nach Försterart 63
Grießkuchen mit Rosinen und Walnüssen 171

Hammel-Kartoffel-Auflauf 133
Hering in Öl mit Wacholderkartoffeln 100
Huhn mit grüner Sauce 114
Hühnchen mit Reblochon und Wacholder 118
Hühnchen mit Zwiebeln 120

Kabeljau mit weißen Bohnen 92
Kalbskoteletts in *verjus* mit Spinateierkuchen 152
Kalbsmedaillons mit Fourme d'Ambert und Petersilienpüree 146
Kalmartorte 96
Kalte *tartiflette* 85
Kalte Zucchinisuppe 28
Kalter Eierkuchen 78
Kaltes Gänse-Confit, Auberginenröllchen mit Knoblauchcreme 116
Kaninchenkeulen in Cidre 112
Karbonade „Saint-Marcel" 142
Kartoffelauflauf mit Reblochon 70
Kartoffeln „Madame Tochon" 42
Kartoffeln mit Speck 39
Käsefondue 72
Kieselsuppe 20
Klippfisch mit Lauch 104
Knoblauchsuppe 24
Kohlrabisuppe mit Reblochon 21
Kohlsalat mit Äpfeln 48
Kohlsuppe 23
Kohlwickel mit Kaninchen und Salbei 110
Kohlwickel mit Kürbisfüllung 38
Kraftbrühe mit Thymian und Knoblauch 27
Kürbissuppe mit Maronen 16

Lachs in der Folie mit Melissenbutter 105
Lammkarree mit Thymian 129
Lammkeule mit Wacholder und Rahmkartoffeln 144
Lammkoteletts mit Lorbeerreis 138
Lammschulter mit Sardellenbutter 132
Lauchgratin nach Savoyer Art 58
Lauchtarte mit leicht gepökeltem Schweinebauch 47
Linsensalat mit Fourme d'Ambert 44

Makrelen-Rillettes 99
Marinierter Lachs mit warmem Kartoffelsalat 106
Meeraal-Suppe 25
Milchkonfitüre 172
Mild gepökelter Schweinebauch mit „verbranntem Brot" 126
Muschelspieße mit Speck 102

Obstkuchen 166
Omelett mit Konfitüre 183
Omelett mit Löwenzahnblüten 74
Omelett mit wildem Spargel 83

Perlhuhn nach alter Art, mit Reis gefüllt 122
Pfifferlinge mit Speck 57
Pormonier-Würste mit jungem Tomme und Pellkartoffeln 153
Provenzalisches Rinderragout mit Kichererbsenküchlein 136

Quarkcreme mit Frühlingszwiebeln auf geröstetem Bauernbrot 68
Quarkkuchen 184

Raclette „Maman Veyrat" 84
Rührei mit Mairitterlingen 59

Salat von jungem Spinat mit Speck 55
Sardinen mit grobem Salz 90
Savoyer Kartoffelkuchen 52
Savoyer Kartoffelküchlein 32
Schmoräpfel mit Boudin 134
Schweinefilet mit Backpflaumen 151
Schweineragout in Rotwein 139
Schweinsfuß mit Persillé des Aravis 149
Schweinswürste in Rotwein mit *crozets* 140
Spargelgratin mit geräuchertem Speck und Bauernschinken 41
Spiegeleier mit Rillettes 75
Steckrüben mit Reblochon und Koriandersauce 46
Steinpilztarte mit jungem Tomme de Savoie 50

Tartouillat mit Kirschen im Kohlblatt 182
Tomaten gefüllt mit Eiern 51
Topinambur-Creme 12

Weiße Bohnen mit Sardellenbutter 36
Wiesensuppe 18
Wirsingtarte mit Kümmel 35

Zander mit sautierten Steinpilzen 95
Ziegenkäse-Tarte 80

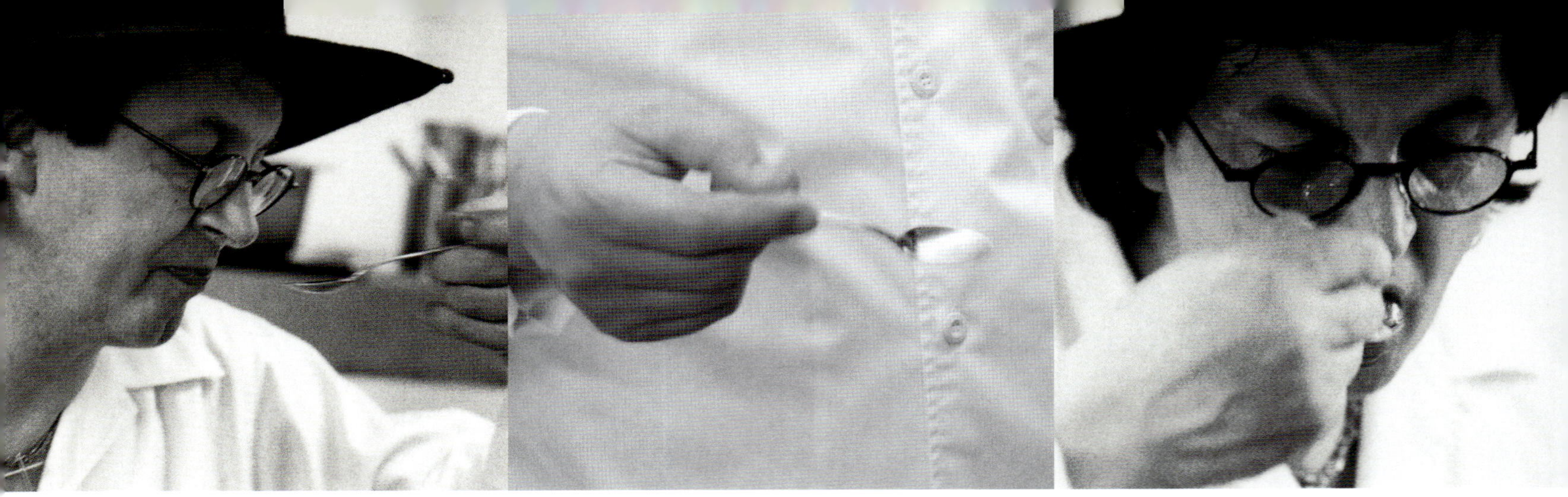

Rezeptverzeichnis

SUPPEN

Topinambur-Creme 12
Gemüsesuppe mit Rahm 14
„Fliegensuppe" 15
Kürbissuppe mit Maronen 16
Wiesensuppe 18
Kieselsuppe 20
Kohlrabisuppe mit Reblochon 21
Kohlsuppe 23
Knoblauchsuppe 24
Meeraal-Suppe 25
Kraftbrühe mit Thymian und Knoblauch 27
Kalte Zucchinisuppe 28

GEMÜSE

Savoyer Kartoffelküchlein 32
Wirsingtarte mit Kümmel 35
Weiße Bohnen mit Sardellenbutter 36
Kohlwickel mit Kürbisfüllung 38
Kartoffeln mit Speck 39
Spargelgratin mit geräuchertem Speck und Bauernschinken 41
Kartoffeln „Madame Tochon" 42
Linsensalat mit Fourme d'Ambert 44
Steckrüben mit Reblochon und Koriandersauce 46
Lauchtarte mit leicht gepökeltem Schweinebauch 47
Kohlsalat mit Äpfeln 48
Steinpilztarte mit jungem Tomme de Savoie 50
Tomaten gefüllt mit Eiern 51
Savoyer Kartoffelkuchen 52
Salat von jungem Spinat mit Speck 55
Gemüse-Flan 56
Pfifferlinge mit Speck 57
Lauchgratin nach Savoyer Art 58
Rührei mit Mairitterlingen 59
Crêpes mit Spinat und Speck 60
Geschmorte Möhren mit Maronen 62
Gratin nach Försterart 63
Gefüllte Paprika mit Tomatensauce 64

EIER UND KÄSE

Quarkcreme mit Frühlingszwiebeln auf geröstetem Bauernbrot 68
Kartoffelauflauf mit Reblochon 70
Frittierte Eier mit Tomatensauce 71
Käsefondue 72
Omelett mit Löwenzahnblüten 74
Spiegeleier mit Rillettes 75
Bratkartoffeln mit Reblochon 76
Kalter Eierkuchen 78

Ziegenkäse-Tarte 80
Omelett mit wildem Spargel 83
Raclette „Maman Veyrat“ 84
Kalte *tartiflette* 85
Gebackener Reblochon 86

FISCH

Sardinen mit grobem Salz 90
Kabeljau mit weißen Bohnen 92
Forelle im Kohlmantel 94
Zander mit sautierten Steinpilzen 95
Kalmartorte 96
Makrelen-Rillettes 99
Hering in Öl mit Wacholderkartoffeln 100
Muschelspieße mit Speck 102
Klippfisch mit Lauch 104
Lachs in der Folie mit Melissenbutter 105
Marinierter Lachs mit warmem Kartoffelsalat 106

GEFLÜGEL UND FLEISCH

Kohlwickel mit Kaninchen und Salbei 110
Kaninchenkeulen in Cidre 112
Huhn mit grüner Sauce 114
Kaltes Gänse-Confit, Auberginenröllchen mit Knoblauchcreme 116
Hühnchen mit Reblochon und Wacholder 118
Enten-Confit mit Sauerampfer 119
Hühnchen mit Zwiebeln 120
Perlhuhn nach alter Art, mit Reis gefüllt 122
Gefüllter Kalbsrücken 125
Mild gepökelter Schweinebauch mit „verbranntem Brot“ 126
Gegrillte Schweinesteaks mit Lauchpüree 128
Lammkarree mit Thymian 129
Lammschulter mit Sardellenbutter 132
Hammel-Kartoffel-Auflauf 133
Schmoräpfel mit Boudin 134
Provenzalisches Rinderragout mit Kichererbsenküchlein 136
Lammkoteletts mit Lorbeerreis 138
Schweineragout in Rotwein 139
Schweinswürste in Rotwein mit *crozets* 140
Karbonade „Saint-Marcel“ 142
Geschmortes Rindfleisch mit Sardellen 143
Lammkeule mit Wacholder und Rahmkartoffeln 144
Kalbsmedaillons mit Fourme d’Ambert und Petersilienpüree 146
Gepökelte Schweineschulter mit weißen Rüben in Cidre 148
Schweinsfuß mit Persillé des Aravis 149
Schweinefilet mit Backpflaumen 151
Kalbskoteletts in *verjus* mit Spinateierkuchen 152
Pormonier-Würste mit jungem Tomme und Pellkartoffeln 153

DESSERTS

Birnen „Touronde“ 156
Apfelsalat à la Grivette 158
Äpfel in Cidre 160
Apfelpfannkuchen 161
Erdbeeren in Rotwein 162
Apfelterrine nach Art der Normandie 164
Akazienblüten-Beignets 165
Obstkuchen 166
Arme Ritter 168
Apfel-Pflaumenkuchen 170
Grießkuchen mit Rosinen und Walnüssen 171
Milchkonfitüre 172
Backpflaumen-Auflauf 175
Birnenkuchen 176
Apfel-Quitten-Kompott 177
Gebackene Äpfel 178
Gebackene Pfirsiche in Cassis 181
Tartouillat mit Kirschen im Kohlblatt 182
Omelett mit Konfitüre 183
Quarkkuchen 184

Danksagung

Gérard Gilbert dankt Bernard Andrieux, Alain Béchis, Jean-Pierre Bilioux, Carrier, Jean-Claude Dray und Jean Ducloux für ihre wertvolle Mitarbeit.
Jean-Blaise Hall dankt seiner Assistentin Alexandra Julien.
Valérie Lhomme dankt ganz herzlich Christiane Perrochon, Jeanine Cros sowie den Firmen Kim et Caro, CFOC, Blanc d'Ivoire, Conran Shop, Maison Bachelier, Michel Morin und Le Creuset für die zuverlässige und freundliche Zusammenarbeit.

Aus dem Französischen übersetzt von Helmut Ertl
Redaktion: Bettina Rubow
Korrektur: Dr. Michael Schenkel
Satz: Satzstudio Fink, Krailling
Einbandgestaltung: Studio für Illustration
und Fotografie Sascha Wuillemet, München

Die Originalausgabe mit dem Titel *La cuisine paysanne* wurde erstmals 2002 im Verlag Hachette Livre, Paris, veröffentlicht

Food-Styling: Valérie Lhomme

Druck und Bindung: Finidr, s.r.o., Cesky Tesin
Printed in Czech Republic

ISBN 978-3-88472-870-3